我
思

敢于运用你的理智

唯识二十论注疏（二种）

唯识学丛书

王恩洋
周叔迦 著

长江出版传媒 | 崇文书局

图书在版编目（CIP）数据

唯识二十论注疏：二种 / 王恩洋，周叔迦著 .
—武汉：崇文书局，2020.1（2024.1 重印）
（唯识学丛书）
ISBN 978-7-5403-5736-8

Ⅰ．① 唯…
Ⅱ．① 王… ② 周…
Ⅲ．① 唯识宗—研究
Ⅳ．① B946.3

中国版本图书馆 CIP 数据核字（2019）第 251122 号

我
思

敢于运用你的理智

唯识二十论注疏（二种）

出　品　崇文书局人文学术编辑部
策 划 人　梅文辉（mwh902@163.com）
责任编辑　梅文辉
装帧设计　甘淑媛
出版发行　长江出版传媒 ｜ 崇 文 书 局
地　址　武汉市雄楚大街 268 号 C 座 11 层
电　话　(027)87680797　邮政编码　430070
印　刷　湖北新华印务有限公司
开　本　880mm×1230mm　1/32
印　张　5.25
字　数　117 千
版　次　2020 年 1 月第 1 版
印　次　2024 年 1 月第 2 次印刷
定　价　78.00 元

（读者服务电话：027—87679738）

目　录

唯识二十论疏

王恩洋

序论

识谓认识，心之异名。心所识境，皆唯心变。非离心外别有境物，故言唯识。

人生世间，仰而观，星辰日月，雷电风云，无非物也。俯而察，大地山川，草木禾稼，无非物也。饥而食，寒而衣，所居宫室楼台，无非物也。既耳目之所接，生活之所需，无一而非物。然则唯识之论何因起耶？

曰：物无定性，随心转变。心有分别，外境乃起。人有欲求，乃须物用。随欲有异，所须即殊。心离欲染，则淡泊超然。贪求无厌，则心随物转。以是为因，故说唯识也。

云何应知物无定性、随心转变耶？曰常人之情，每以外物实有，有其定性。智者分析，则知定性皆无。此如颜色，白黑红黄，似有定也。然带着色眼镜者，所见世界，与人顿殊。目昏眩者，所见灯光，光呈轮彩。又如香味，人狗各异。又如冷热，随身温度有其高下，所触所感，即自不同。如在一人，一手温一手寒，同触一境，则温手觉冷，冷手觉温。人在病中，与其平时咸苦冷热，又种种异。故知色相，都无定性。心欣乐者，目睹景色皆呈美感。心悲切者，所见景物，顿觉凄凉。心贤善者，遇物生慈，同为可愍。心狠毒者，遇物生瞋，悉皆可杀。心多智慧，则见理光明。心愚痴者，于理颠倒。盲者无见于色之红黄，聋者无闻于声之美妙。无心之物，一事弗知。故知外境，随心转变。

云何心有分别，外境乃起耶？曰吾人之知有境物，起于人之认识。认识不起，且不能断物之有无，更不能别物之内外。一识之起，有所有能。现量境界，能所泯一。执心一起，内执有我，外执有物，我为能知，物属所知，遂将整个宇宙，隔为内外。分别不生，则心境如一也。故谓心有分别，外境乃起。以不分别，则不执内外故。

所谓人有欲求乃须物用者，既起分别，执我我所。贪著外境，因起于欲。由欲有求，因求有受。于是享乐欣喜，得之泰然。设求不得，苦亦随之。一切有情既随欲而生死流转，故无有情不假物以为用也。是以天下熙熙，皆为欲往。天下攘攘，皆为欲来。无欲无求，则涅槃寂静。虽有外物，亦无所须。既无所须，无外物可也。

所谓随欲有异所需即殊者，枭嗜腐鼠，蜋且甘带。人食膏粱，牛食青草，有情所需，随欲异矣。同在人中，所嗜亦别，贪夫殉财，烈士殉名，夸者死权，众庶凭生。贤人君子，不宝珠玉，而宝忠信。重义于生，杀身成仁。故诸所需，亦无定性，悉本自心。

所谓心离欲染则淡泊超然，贪欲无厌则心随物转者，志士仁人，富贵不淫，贫贱不移，威武不屈，心超物境，故箪食陋巷，不改其乐，素位而行，不愿夫外。色无色界，贪瞋并伏。罗汉独觉，永尽漏缠。境物无需，生死永尽。诸大菩萨，自无欲染，悲愿度生，则以心转物，庄严净土。神通变化，自在解脱矣。若夫凡夫贪欲炽然，遇色辄迷，遇财思盗，酗酒好乱，败德亡行，礼法不顾，廉耻道丧为境界之奴隶，为外物而奔驰。庄生有言，哀莫大于心死，而身死次之者，迷境亡心之谓也。

我佛如来，无量劫来，大悲利物。断诸烦恼，自得出离。圆证菩提，穷法实相。知诸有情，沉沦三界，出没生死，一切一切皆由心造。故为有情说十二缘起、四谛等教。说诸众生，由无明故，造作诸行。由行业异，摄植异熟。由异熟识，缘生名色。由名色故，有内六处。由六入故，能触境界。由触故起苦乐诸受。由受故贪爱生起。由爱故希求不舍而生于取。取故有有。有故有生。由生故有衰老病死、忧悲苦恼。故曰无明缘行，行缘识，识缘名色，名色缘六入，六入缘触，触缘受，受缘爱，爱缘取，取缘有，有缘生，生缘老死忧悲苦恼。此中无明爱取是为烦恼，亦称为惑。行有为业。识名色等，乃至老死，是则为苦。由惑造业，由业招苦。是即建立有情，三界生死，五趣轮回，皆唯自心。故在《华严·十地经》中，六地菩萨，深观缘起，说如是言："三界所有唯是一心。"唯心之教虽著见于大乘，而缘起之理，实通被于一切。然则说唯心教，乃三乘通教，佛法之所以异于外道，专在于此可也。

唯识之教既在显示三界唯心，令诸有情了知生死非随外物以迁流，但由自心之欲取。则断惑离欲出离有期，宏愿大心转依可得。故能清净身土，大悲利物，庄严法界，永尽染污，此唯识教宗趣所在也。诸有不知唯识教者，执境为实，人自物生，物质聚散，遂有生死。是则业果不成，解脱无望，菩提萨埵，又何能悲愿利物转变世界令为庄严净土也哉？吾故常说，佛法之所由成立，成立于唯识也。

《二十唯识论》者，世亲菩萨所作。广破外难，有二十颂。显异《三十唯识》，故名《二十唯识论》也。译来此土，前后三家。后魏瞿昙般若流支居士，译名《唯识论》。陈真谛法师，译名《大乘唯识论》。义多缺谬，词弗达旨。大唐玄奘法师复为翻译，定为此名。此论注释，始从瞿波，终至护法，有数十家。护法菩萨，所释名《成唯识宝生论》，或名《唯识导论》，唐义净三藏译来此邦。此土注释，则有窥基法师《二十唯识述记》。今因讲授，敬为此疏，折中前贤，兴起来学，令辞义显著，有情获益，同集资粮，入法实相。

本论

记云：文总有二，初正辩本宗，破计释难。后结己所造，叹深推佛。就初分中，大文有二：初立论宗，大乘三界唯识无境。后即于此义有设难言下，释外所征，广破异执。就立宗中，文有其四，初立论宗，诸法唯识。二显由经说，以经为证。三释外伏难，简择唯言。四举喻显。

安立大乘三界唯识。

此立宗也。意显此论宗旨，唯在安立大乘三界唯识。不明余义。

云安立者，唯识之理，先未成立，人所弗信，生多疑难。今以圣教正理多方成立，令无动摇，显法实相，令生信行，得正知见，故云安立。

云大乘者，乘谓车乘，任重致远。佛法亦尔，度诸有情，出离生死旷野，正趣菩提涅槃，故云乘也。佛法虽无高下，人性有其浅深，因斯度济有差，由是乘分大小。言小乘者，教理行果皆并狭小，仅能自度，不能度他，独出生死，小果仅成。不能入深教，悟深理，修大行，成大果，故云小乘也。大乘异此，能入诸佛无边圣教，能悟二空微妙至理，能修六度种种大行，能成无上菩提大果。自成正觉，亦觉众生，众生无尽，悲愿无尽，故名大乘也。

云三界者，欲界，色界，及无色界，是名三界。欲谓饮食男女诸欲，此为欲界有情共有——唯余地狱，极苦逼故——贪欲独盛，故名欲界。色界谓初禅二三四禅诸天，已离欲界欲，有诸色故，身形色相，宫殿自居，故名色界。无色界者，谓空无边处，识无边处，无所有处，非想非非想处诸天。彼无色身，亦无器界，唯以心识，极寂静住，彼界无色，名无色界。非谓无色，即是界也。

云唯识者，谓欲色无色，皆识为性。非离识外，有欲色等。此异常执别有界趣，为识所生。如人入舍，于彼中住。或说外物聚集成人，乃生心识。但随业力，异熟识生，内变根身，外变器界，依此身境立欲界等。若离于识三界无有。如人梦中，见山河等，但随心生，唯识变故。由斯故言，三界唯心。

云大乘三界唯识者，唯大乘中，特显此理故。虽十二缘起、三乘通教，即唯心理。于彼密诠，此乃显说。非彼境界，难了知故。如经说言，阿陀那识甚深细，一切种子如瀑流，我于凡愚不开演，恐彼分别执为我。唯识之理，亦复如是。唯大乘菩萨能了斯义，故特安立。

《宝生论》云，言大乘者，谓是菩提萨埵所行之路，及佛胜果。为得此故，修唯识观。是无过失方便正路，为此类故显彼方便，于诸经中种种行相而广宣说，如地水火风并所持物品类难识方处无边，由此审知自心相现，遂于诸处舍其外相，远离欣戚。复观有海，喧静无差，弃彼小途绝大乘望，及于诸有耽着之类，观若险崖畏怖，正趣中道。若知但是自心所作，无边资粮易为积集，不待多时，如少功用，能成大事。善逝行处，犹若掌中。由斯理故，所有愿求，当能圆满，随意而转。

  以契经说三界唯心。

  次引经证成也。记云："梵云素怛览，此云契经。契者合也。经合正理，契应物机，故名契经。此明唯识以经成论。"导论云："凡有诤事，欲求决定，须藉二门。一顺阿笈摩，二符正理。谓欲为彼信诬圣人无倒宣说所有传教，说阿笈摩。若为此余不信之者，应申正理。或可为彼二人俱陈两事，如所信事令安住故陈其正理。"此以圣言量成立唯识也。此中契经，即《华严·十地经》第六现前地中，具作是言："凡夫无智，执著于我，常求有无，不正思惟，起于妄行，行于邪道，罪行，福行，不动行，积集增长。于诸行中，植心种子。有漏有取，复起后有生及老死。所谓业为田，识为种，无明暗覆，爱水为润，我慢溉灌，见网增长，生名色芽。名色增长生五根。乃至菩萨如是随顺观察缘起之相。佛子，此诸菩萨，复作是念，三界所有，唯是一心。如来于此，分别演说十二有支，皆依一心，如是而立。"《解深密经》等，复说"我说识所缘，唯识所现"故。甚多圣言，且举一经。

  心、意、识、了，名之差别。

  此第三释外伏难，简择唯言也。初释伏难。外人意说，经言三界唯心，何得取证三界唯识。故此说言，心意识了，名之差别。命名虽有四种，体皆同故。故说唯心，义即唯识。心是积起义，积诸种子，起诸行相故。意是思量义，思惟过现，意必方来故。识是认识义，于境认识，起分别故。了谓解了，于境生解，觉了现前故。此四皆是心用，故一心有其四名。或时随胜，分说八识。谓第八名心，具集种现故。第七名意，恒审思量故。前六名识，了别境义，分别力强故。既识有八，何云一心作？一简外境，非说体一，六七八识皆名心故。

此中说心，意兼心所。唯遮外境，不遣相应。

后简择唯言也。云心所者，即是心所有法，又名相应行法。谓作意、触、受、想、思，五遍行。欲、胜解、念、定、慧，五别境。信等十一善法。贪等二十六烦恼。梦、悔、寻、伺，四不定。总五十一法。依心而起，与心相应，系属于心，共办事业，故名心所。如王与臣，定不相离。故说于心，必有心所。心为主故，就胜显说。唯之为言，独有为义。既特存心，必有所遣。所遣者何？曰，遮外境。外境是心迷著处故。因逐外境，生死沉沦。欲求出离，令观唯心。故此外境是正所遮。心所与心既恒相应，定不相离，故此唯言不遣于彼。此简最要，否则岂不但有一心，别无善及烦恼诸法？

内识生时，似外境现，如有眩翳，见发蝇等。此中都无少分实义。

第四显唯识义，举喻以成。既云唯心，都无外境。云何世间现见青黄等色，闻声尝味境界不无。如斯便有世间相违、现量相违等失。又心待缘生，必有所缘缘性。如无外境，岂不无有所缘相耶？是则复有自教相违之过。故此说言，内识生时，似外境现。云似外境者，意说实非外境。复云现者，显由内识所变。《解深密经》佛说是言："我说识所缘，唯识所现故。此中都无少法。能取少法。然即此心如是生时，即有如是影像显现。"故我且无自教相违，无所缘义。然不说彼即是外境，以诸外境无实义故。现量所见，虽非全无，然彼不执内外等相，以内外等，皆计执故。如感苦乐，即在自心。觉冷暖等，身识自现。现量证时，但有苦乐冷暖之觉，后意分别乃执以为外境。故我亦无有现量相违失。世间执境，情有理无，今言实义，违彼何失？为成内识生时似外境现，无实义境，复说譬喻，如有眩翳见发蝇等。眩谓昏眩，翳谓目障。由此病缘，于无发处，见有其发，于无蝇处，见有其蝇。等取见余，不实鬼物。彼境非实，但自识变，世共极成，故以为喻。如斯建立比量云，似外实境非实外境，许识生时自变现故。如有眩翳，见发蝇等。或外境无实，内识现故，如翳所见。

记：上来总辩初立论宗唯识无境，自下第二释外所征广破外执。于二十颂中，大文有七，此下第一有十四颂，破小乘外道四事难议境无，却征实境执。二有一颂半释小乘等以现量征境有，返破忆持执。三有半颂释小乘外道以梦例觉时，应知境无失。四有半颂复释外难二识成决定，外境非无失。五有半颂复释外难梦觉心无异造行果差失。六有二颂又释外难无境杀等无返诘他宗失。七有一颂又释外难不照他心智识不成失。

就第一中文复分三。初有六颂，四事问答外境无；次有三颂，释有情法二无我教引教难不成，故知唯有识。后有五颂返破外人外境非实有，故知唯有识。初复二，先难，后释。

即于此义有设难言。颂曰：

若识无实境，即处时决定，

相续不决定，作用不应成。

此初一颂，初句揲大乘义，次三句申四难，谓处时等。不应成言，通于四义。谓处决定不应成，时决定不应成，相续不决定不应成，有作用物不应成也。以无实境，随识生故。

论曰：此说何义？若离识实有色等外法，色
等识生，不缘色等。

此释初句颂。若离识实有色等外法，此解实境义。谓此实境
要具二义，一者实有，非同空华。二者离识而有，不同翳相。如
此即是色等外法。等谓等取声香味触。色等识者，释颂中识。眼
识缘色又名色识，耳识缘声又名声识，乃至身识缘触又名触识。色
等识言，等取声识等，为成实境是有，特取色等识名，意显离境
亦无识故。色等识生不缘色等者，此即显示大乘所立色等识，生
不缘离自识变外实色等义也。

何因此识有处得生，非一切处。

此申初难，谓定处不成。谓若境但随心变，应有心处即有其
境，不应有境处乃生其心。如缘终南山识必于陕西生，缘峨眉者
必于四川，既识逐境生，非境随心现，应知外境真实是有。如唯
识变定处应无。虽在四川可见终南，虽在陕西可缘峨眉。若谓实
尔可成唯识，然有世间现量相违等过，故知非理。记立量云："非
缘终南山处缘此识应生，执境实无识得生故，如尔缘终南山处
识。"更立量云：外境实有，唯识不成；缘境之识处所定故；如
缘终南山处识。

何故此处有时识起，非一切时。

此申次难，谓定时不成。境既随心变，虽无彼境时，缘彼心
应起。如人居室中，要有客来，方始见客。客不至时，见客识不
起。又如满净月，缘彼识生，必于十五夜，非是余夜，或复十五
昼中。识待时生，非时不起，应知境实，非是唯心。否则随心应
无定时。随心相思应见实境，于朔晦日见满净月。如此复有世间

现量相违等过。量曰：于非十五夜，应见满月生；执外境实无，但随心生故；如汝十五夜，所见满净月。更为量曰：外境实有，唯识不成；缘境之识，非时无故；如于朔晦，不见满月。

同一处所有多相续，何不决定随一识生。如眩翳人，见发蝇等，非无眩翳有此识生。

第三相续不决定不成难。云相续者，有情异名。无有实我，常一不变。但由五蕴，因果成流，不断不常，前后相续，故名相续。相续不决定者，谓外境既无，但随识变，识各异故，所变即殊，云何有情共见一境？许无实外境，但随识生故。如眩翳人，见发蝇等，非无眩翳有此识生。设谓各人所见尽随识生无相同者，即复有于世间现量相违过失。更立量云：外境实有，世同见故，如人共见终南山等。

复有何因，诸眩翳者所见发等无发等用，梦中所得饮食刀杖毒药衣等，无饮等用，寻香城等，无城等用。余发等物，其用非无？

第四作用不成难。谓如汝说：诸实境界皆如翳相；唯识变者，应彼实境所有实物，皆如翳等，无有实用。应立量云：一切境物应尽无用，许识变故，如眩翳者所见发等，梦中所得饮食刀等，诸寻香者所化城等。若谓实境尽同彼等皆无用者，复有世间现量相违过失。更立量云：外境实有，非唯识变；有实用故；如实衣等。言寻香城者，记云："梵云健达缚，此云寻香。西域呼俳优亦云寻香，不作生业，唯寻诸家饮食等香，便往其门，作诸伎乐，而求饮食。能作幻术，幻作城等，名寻香城。或呼阳焰化城名健达缚城。"前为幻术，后即海市蜃楼也。虽非识变，而非实境，故无有用，因与梦境同用质难，证知余境是实。

　　　　若实同无色等外境，唯有内识似外境生，定

　　处定时不定相续，有作用物，皆不应成。

　　总结难义。

　　　　非皆不成。颂曰：

　　　　处时定如梦，身不定如鬼，

　　　　同见脓河等，如梦损有用。

　　此下释难，共有五颂。于中分二：初二颂答非不成，举喻为证。次有三颂，破外救义。初之二颂，初颂答别难不成，二颂答总难不成。此即初也，并《述记》判。颂中初句合答二难，次有二句答第三难，四句答第四难。谓彼外人说：若无离识实有外境色等外法，色等识生不缘外境，即便无有处时定相续不定作用不成者，今举梦等世所共许无实境识，处时定等皆并得成，出彼不定，证唯识理。颂中意义，论中详说。

　　　　论曰：如梦，意说如梦所见。谓如梦中虽无

　　实境，而或有处有村园男女等物非一切处。即于

　　是处或时见有彼村园等，非一切时。由此虽无离

　　识实境，而处时定非不得成。

　　如梦所见，虽无实境，但随心生，然山川陵谷，草木园林，村邑男女，恩怨苦乐，各有定处，非一切处。各有定时，非一切时。此处遇恩，欢愉欣喜。彼处逢怨，恐怖张皇。先时高歌，升官作宰。后时斩首，极目凄凉。与诸觉时，都无有异。自成宇宙，品物森罗。岂要实境，方定时处？由斯所立宗义不成，因不成故。量云：定处时境，非离识有；许识变故；犹如梦境。汝定时处境，非定离识

有；识所变境，处时亦定故；如梦所见境。

说如鬼言，显如饿鬼。河中脓满，故名脓河。如说酥瓶，其中酥满。谓如饿鬼同业异熟，多身共集，皆见脓河，非于此中定唯一见。等言，显示或见粪等。及见有情执持刀杖，遮捍守护，不令得食。由此虽无离识实境，而多相续，不定义成。

释第三难。外人先言，外境既无，但随心变，即应各人所见不同，不应诸人共见一境。世人共睹，即应非虚。故此答言，身不定如鬼。谓此人所共见清凉河水，饿鬼所见便成脓河。即此证知，人所共见，非定实水，鬼见彼时成脓河故。人如说彼鬼见非真，鬼亦可言，人见非实。两相乖违，互成不定，应知各随识变都非外境。又彼难言，若随识变，即应有情各自变缘，余不共见，如翳相等。今此反难，虽识所变，亦可共见，如彼饿鬼同见脓河。鬼见脓河与人相乖，既可说彼但随识变，而见可同。即应人趣所同见者，亦唯识变非实外境。量云：诸人共见山河地等应非实境，余趣有情见不同故，如鬼所见脓河粪等。又识变境，非定一有情变，余不共变；许业同者，得共变故；如诸饿鬼同变脓河。

论中说言同业异熟多身共集皆见脓河等，义复云何？谓显饿鬼可以同见一脓河者，由彼前生业力同故。由业同故，今得异熟亦复相同，异熟同者所见亦同。云彼业者，谓悭贪业，聚而弗散，损人利己，贪得无厌，令余饥虚。云异熟者，谓异熟识，及所变生根身器界，酬引满业令受苦乐。饥鬼异熟，即是所感巨口针咽，及诸脓河粪秽地等，所以酬彼前生恶业悭贪苦逼贫苦人故。由此异熟身境以为缘故,彼诸饿鬼现前便见脓河等事。既诸饿鬼造业同者,识变相似,所见即等,由是应知人趣有情所以共见山河地等,亦由业报彼此同故。然即于此所云同者,但互相似,非见一物,以于同中还有不同者故。谓诸同趣有情,引业虽同,总报相似,满业异者,别报即殊。《导论》说言:"然诸饿鬼,虽同一趣,见亦差别,由业异相,所见亦然。彼或有见大热铁团,融煮迸溅。或时见有屎尿横流,非相似故。虽同人趣,薄福之人,金带现时见为铁锁,赫热难近,或见是蛇吐其毒火。是故定知虽在人趣亦非同见。若如是类无别见性,由其皆有同类之业。然由彼类有同分业见同分趣,复有别业各别而见。此二功能随其力故,令彼诸人有同异见。"又如经说:"三十三天共宝器食,随业(别业)所招其食有异。"又说:"无量有情生一佛土,随心净秽所见有异。若人心净,便见此土无量功德妙宝庄严。"由是定知,一切有情虽一时处,其所见者同趣异趣,圣人凡夫,所变各殊,或时相似,终非一也。

或有问言,既诸有情所变各殊,山河器界有质碍物胡不相碍?曰,碍无定相,凡物多分自类则碍,不碍他故。如铜铁等物,可互相碍,而通电传音,反以彼为空隙通途也。自识所变多互相碍,他识所变一切无碍。譬如二人同床,各起梦境,天高地下,品物万殊,色色形形无不备具,然而此之梦境固不碍他,他之梦境亦不碍自。又如一室千盏灯光,光光相网,皆遍一室。此则自类亦有不相碍者也。一切有情互变身器,色香味等,帝网重重,而不相碍,亦如是耳。

即于此中,复应思择,日常所见山川日月,有定时处,复何因耶?曰,前业定故,共业感故,一期相续,异熟识变,器界根

身有定时限，成住坏空生老病死，皆不由人意识爱憎而有增减。是
以时处每有定也。亦如梦中见怖畏境，虽随心生，不得自在，令
彼不起。又复当思，异熟之境由先业感第八识变，眼等六识仗托
彼起，此在《成唯识论》，称之为疏所缘缘。是故虽无离识外境，而
有异识所变，余识仗之，以为本质。虽以为质而不亲缘，亲所缘
者自识变故。此义既陈，然后一切会通，都无疑滞矣。

  又如梦中境虽无实，然有损失精血等用。由

 此虽无离识实境，而有虚妄作用义成。

 记云："譬如梦中梦两交会，境虽无实，而男有损精，女有
损血等用。等者，等取肢分劳倦出汗等用。梦得钱等，其用则无。境
虽无实，其眩翳者所见发等无发等用，余见发等有发等用，其理
亦成。量云：眩翳非眩翳等，所见发等有用无用成；许无实境故；如
梦失精等。"此以梦中无境，有用无用事俱得成，例觉亦尔。其
有用者，非有实境。更立量云：诸有用事非有实境；识所变境，作
用成故；如梦交会，失精血等。又诸觉时虽无实境，但由意想，作
用亦成。如彼望梅可以止渴，催眠可以疗病，杯弓蛇影，草木皆
兵，谈虎色变，忧思情死，诸如是等宁有实境乃成用耶？若夫八
识境界，大种造色，虽体用不无，而非离识境。故我唯识，理无
不周。

  如是且依别别譬喻，显处定等四义得成。

 别解已周，结前生后，下颂总答。

 复次颂曰：

  一切如地狱，同见狱卒等，

  能为逼害事，故四义皆成。

记：言一切者，标宗所明，总解四难。末句总结。余正答难。

论曰：应知此中一地狱喻，显处定等一切皆成。如地狱言，显在地狱受逼害苦诸有情类。谓地狱中虽无真实有情数摄狱卒等事，而彼有情同业异熟增上力故，同处同时众多相续，皆共见有狱卒狗乌铁山等物，来至其所，为逼害事。由此虽无离识实境，而处定等四事皆成。

梵云捺落迦，此云苦器。谓彼器界，逼恼身心，惟有诸苦，别无乐故。译名地狱，地即狱故。然此地狱，指受彼苦有情众说。彼诸有情，由极重恶同分业力，得彼地狱器界根身，异熟果报。由此为缘增上力故，同处，同时，众多相续，皆共见有狱卒狗乌铁山等物来至其所为逼害事。记云："同处者，显处定义，同此处见，余处无故。同时者，显时定义，同此时见，余时无故。众多相续等者，显相续不定，皆共见故。（《导论》云，于自相续不定属一而生起故。）来至其所为逼害事者，显作用成，狗者，乌驳狗也。乌者，铁鹬，啄眼睛等乌也。铁山者，即众合地狱等，作牛羊等形来逼罪人。等物者，等取钢铁树林刺等，蠰狗吒虫等。此中意者谓地狱中，境虽无实，同处同时多受罪者同见狱卒等来为逼害事，四义既成，故于余时境虽无实，其处定等，非皆不成。量云，余位处定等非不得成，许无实境此识生故，如地狱人等，此四事成。"今更立量云：境虽非实不离识有，彼处定等四事亦成；许识所变境，处定等成故；如多地狱同处同时，共见狱卒等，来为逼害事。记复云："若言异识依他色等，大乘亦许是实。离识之外实有色等，大乘不成，故言虽无离识实境而处定等四事皆成。"

记云：自下三颂破外救义，初颂破大众、犊子等部两救，次颂破有都救，三颂破经部师救义。

何缘不许狱卒等类，是实有情？

上来虽说狱卒等类非实有情，但随心变如梦所见诸有情类。然犹未显由何得知非实有情。故此设为外救，反覆辩驳，用申正理令得晓晤，入唯识理。此大众正量救也。

不应理故。且此不应捺落迦摄，不受如彼所受苦故。

不应理故，总非之也。如谓狱卒等是实有情，则于五趣，应有所摄，摄者，属也。或属余趣，或即地狱趣。然且不应即地狱趣摄，不受如彼所受苦故。谓彼狱卒等，但为逼恼彼地狱有情，自不受彼地狱苦故。依业受报立五趣等。既不受彼苦，即非彼趣故。

量云：地狱所有狱卒等非即地狱趣有情，不受地狱苦故，如人天等。

互相逼害，应不可立彼捺落迦，此狱卒等。形量力既等，应不极相怖。应自不能忍受铁地炎热猛焰恒烧燃苦，云何于彼能逼害他？

或复救言：谁云狱卒，不受地狱苦，同趣摄故，如诸地狱。但由恶业，互相逼害。故应许彼地狱趣摄，是实有情。今此难言：互相逼害，应不可立彼为捺落迦，此为狱卒等。量云：汝捺落迦应即狱卒，许能逼害馀有情故，如狱卒。汝狱卒应即捺落迦，许亦受馀有情逼害故，如擦落迦。更立量云：汝捺落迦非捺落迦，即狱卒故，如狱卒。汝狱卒非狱卒，即捺落迦故，如捺落迦。如斯颠倒，至为非理。故不应许彼狱卒等是地狱趣受彼趣苦。次复难言，若许狱卒即地狱趣，彼受罪者应不于彼起极怖畏，以同趣者，形量力等不相怖故，如狱卒与狱卒，或如受罪者与受罪者。量云：汝受罪者应不怖狱卒，许同趣摄形量力等故，如彼狱卒。此中形者，谓狞恶形。量谓广大量。力谓强猛力。或反此，第三难云，既许狱卒即地狱趣摄，受彼趣苦，应自不能忍受铁地烧燃等苦，云何反能逼害于他？量云：汝狱卒应不能害受罪者，许地狱摄自不能忍彼趣苦故，如受罪者。由第二难罪者不怖彼，由第三难狱卒不害他，如斯便有作用不成、自教相违诸过。故知狱卒等不应受地狱苦，不受彼苦故，不应彼趣摄。

非捺落迦，不应生彼。

外复计云，虽不受彼苦，非彼趣所摄。然是余趣摄，是真实有情。故此复破云，非捺落迦不应生彼。量云：诸狱卒等应非余趣，生捺落迦趣故，如捺落迦。或余趣实有情不生捺落迦，非捺落迦故，如人天等。

如何天上现有傍生？地狱亦然。有傍生鬼为

狱卒等。

外见破已，故出难言，汝言非彼趣，即不应生彼者，如何天上现有傍生，谓麟凤等。天趣既有余趣受生，地狱亦尔，有傍生鬼为狱卒等。等者，等取鸟狗等。傍生指鸟狗，鬼指狱卒故。量云：地狱趣中，应有鬼等余趣生；许有余趣余趣生故；如天趣中有傍生趣生。

此救非然。颂曰：

如天上傍生，地狱中不尔。

所执傍生鬼，不受彼苦故。

记云：初二句颂，显喻不成。下二句颂，显不成理。与外比量立宗中法差别相违。彼宗法言有余趣生，名法自相。此上所有受彼器果不受器果等，是法造差别。今但与彼宗法差别为违。天中余趣受彼器果，汝宗所执地狱中余趣不受器果故。

论曰：诸有傍生生天上者，必有能感彼器乐业，生彼定受器所生乐。

记云：释初句颂。若龙麟等生天上者，唯在欲界地居天中。其鹤凤等亦通欲界空居天有。此等必有共业是善，能感彼天外器乐业。既有果生，故能受彼器所生乐，此显他宗同喻差别。下成彼宗法之差别。

非狱卒等受地狱中器所生苦。故不应许傍生鬼趣生捺落迦。

然狱卒等不受地狱器苦，此不受因前已成立，故此为因。既不受彼苦，即不造彼业，业果俱无，生彼何为？故知天上傍生，不成同喻。量云：真实傍生鬼不生捺落迦，不受彼苦故，如天人等。由此故知诸狱卒等非实有情，五趣不摄故，如梦所见事。

若尔，应许彼捺落迦业增上力生异大种，起胜形显量力差别，于彼施设狱卒等名。为生彼怖，变现种种动手足等差别作用。如羝羊山乍离乍合，钢铁林刺或低或昂。

执狱卒等有情数摄，已破非理。萨婆多等诸师复言，彼狱卒等非有情数，我亦许然。然不可说，遂非外实境。所以者何？彼罪人等恶业增上力，有异大种地火风等，起胜形显，量力差别，成狱卒等。为生彼趣受罪者怖，不由心意，但由业风，变现种种动手足等差别作用，如羝羊山乍合乍离，钢铁林刺或低或昂，令诸罪人受种种苦。量云：狱卒等物是心外境，许业所感别异大种能于有情生违害故，如羝羊山钢铁林等。山林彼许是外境，故以为喻。此中异大种者，显非识变，离心别有。动手足等差别作用者，谓斩斫剥掷等作用。羝羊山者，记云：谓众合地狱，有二山，势犹羝羊，相去稍远，名之为离。罪人居中，其山相逼，迫令苦楚，碎骨烂肉，名之为合。既合复离，罪人复活。如是离合，经无量时，令其罪人受诸楚苦，碎而复合。旧言羺羊，显其黑色。今言羝羊，事如相斗。钢铁林者，记云，锋刃增中第三铁刺林。谓此林上有利铁刺，长十六指。罪人被逼若上树时，其刺即低向下而刺。若下树时，其刺即昂向上而刺。有铁嘴鸟，探啄有情眼睛心肝，争共而食。皆是罪者业生大种差别转变。

非事全无。然不应理。

此下破也。许由业力生，说非事全无。执非识变故，复斥不应理。

颂曰：

若许由业力，有异大种生，

起如是转变。于识何不许？

论曰：何缘不许识由业力起如是转变，而执大种。

颂前三句，摅外所计，第四一句难彼非理。既由业力之所招感，何因不许业感异熟识，生起如是形量力等动手足等，逼害转变。量云：汝狱卒等，应唯识变；许由业感故；如饿鬼脓河。

复次颂曰：

业熏习余处，执余处有果。

所熏识有果，不许有何因？

论曰：执捺落迦由自业力，生差别大种，起形等转变。彼业熏习理应许在识相续中，不在余处。有熏习处，尔便不许有果转变，无熏习处翻执有果，此有何因？

记云：此破经部计也。诸狱卒等恶业所感，彼此共成。然复当思，造业过去，受果未来，时既不同，何能感果？过去无有无功用故，如何可说由业力感？经部师云，由熏习力之所感故。谓说业由过去造，然造业时即熏成种，由彼种子相续不断，故于后时有力招果。更复思择，此业熏习为在何处？彼部说言，或在内识，或在根中，或在识类。由彼不立阿赖耶识，六识有时断故，说在色根。无色界无色，说在识类。今大乘义，亦有熏习，是为共许。然不许彼业熏习余色根等处，唯应许在识相续中，以通三界，斯为应理。定彼计已，故申难言，尔业熏习既在识处，乃执外处业不熏处而有其果。彼识既有业所熏习，反不许彼有果转变狱卒等事，有何理耶？识内识外，互为余处，故颂说有两余处言。因谓理由，故问何因。我大乘义，业既熏习识，即由识生果。汝业不熏处，乃有外果生。如斯颠倒，甚为自害。

有教为因，谓若唯识似色等现，无别色等，佛不应说有色等处。

彼部答也。谓经中说：云何为眼？谓四大所造，眼识所依，净色为性。乃至广说。佛既明言十有色处，若谓唯有识，佛不应说此。云十有色处者，谓眼耳鼻舌身五内处，色声香味触五外处。眼等色等，自体变碍，名有色处。

　　此教非因，有别意故。颂曰：

　　依彼所化生，世尊密意趣，

　　说有色等处，如化生有情。

　　自下初段第三，三颂释外所引有色等教为证不成，故知唯识。初颂说色有别意，次颂说色有密意，三颂说色有胜利。故如彼彼说，非谓真实尔。此初颂中上三句显密意，第四句引喻成。

　　论曰：如佛说有化生有情。彼但依心相续不断能往后世密意趣说，不说实有化生有情。说无有情我，但有法因故。说色等处契经亦尔。依所化生宜受彼教，密意趣说，非别实有。

　　论先释后句譬喻，令知密意趣。云密意趣者，依权方便，非直显说。意趣有四，谓平等意趣，别时意趣，别义意趣，众生意乐意趣。此即众生意乐意趣也。谓彼众生根器差别，佛应彼机，随所应闻，为说彼法。于余根器，即不说彼，或于后时方直显说。此如佛说化生有情，谓即中有。有断见者，闻说无我，来问佛云，我体既无，谁往后世。今佛世尊为答断见者，说有中有化生有情，能往后世。此但依心相续不断，于死有后，生有未生，中间意生身，说为中有。此中有位，但是后生趣生前相，依第八识密意建立。令断见者，离断灭见。然非实有化生有情，以佛常多说，无有情我，生者、受者等，但有其法，但有其因故。说色等处，契经亦尔。依所化生，宜受十二处教，密意趣说，非离识外实有色等。

　　依何密意说色等十？颂曰：

　　识从自种生，似境相而转，

为成内外处，佛说彼为十。

论曰：此说何义？似色现识从自种子缘合转变差别而生。佛依彼种及所现色如次说为眼处色处。如是乃至似触现识，从自种子缘合转变差别而生，佛依彼种及所现触如次说为身处触处。依斯密意说色等十。

依心相续不断，能往后世，故密意说化生有情。要有所依义，然后密意说。今说色等处，所依义云何？故此第二颂，显密意所依。识从自种生者，显识生起所依也。似境相而转者，显识生时自识变似所缘境相为所缘也。论中似色现识，即是眼识，眼识能现似外色故，名似色现识。从自种子缘合转变差别生者，虽有自种，要待作意境界增上等缘合时方得生故。转变即是转变似色行相。色有种种红黄差别，故云差别。由此似色差别而生，名转变差别而生。自种缘合是识生因，转变差别是识生果。佛因如是因种果色，如次说为眼处色处，耳识鼻识舌识身识根境亦尔。皆从种生自变声等，略中不说，但举初后。依斯五种立内五处，依所现相立外五处。佛为成立内处外处，故且说彼有十色处。理实惟有五识种现，非离识外有别根境。记云："《观所缘论》亦作是说，识上色功能，名五根应理，功能与境色，无始互为因。功能即是种子异名。亦说五根体即识种。《成唯识论》第四卷中略有二说：有说，眼等五根即五识种，无现眼等为俱有根。唯自因缘生己种子，名为眼等。即引此颂及观所缘以为诚证。第八识上五识种子，名五根故。又说常与境互得为因故。其五外境许有依他色处无净。其陈那等，依此唯识于观所缘作如是说。有说非理，若五色根即五识种，十八界种应成杂乱。如是便有十一过失。广如彼说，然护法论师假朋陈那执，复转救言，能感五识增上业种名五色根，非作因缘生五识种。其安慧等，复破彼言，应五色根非无记故。如是便有十二过失，亦广如彼。然陈那等即随文解更无异释。其安慧等，释此等文云：种子功能名五根者，为破离识实有色等，于识所变似眼根等，以有发生五识用故，假名种子及色功能，非谓色根即识业种。破经部等心外实色，由未建立有第八识，若不说种为眼等根，眼等便离六识而有，故说种子为眼等根。"记中总显识种非根，但由外小不知有八识内变根身以为识依，外变器界色声等境为识疏所缘缘，故尔方便说依五识立内外十色处，成唯识义。若依后成唯识论义者，则说五识之生，内藉自种以为因缘。及依八识所变五净色根，为俱有依增上缘。以八识所变器界诸色，为疏所缘缘，自识所变相分为亲所缘缘。以自见分为能缘，自证分为自体。虽有根境内外十色处，仍不违唯识，而义转周。

此密意说有何胜利？颂曰：

依此教能入，数取趣无我。

所执法无我，复依余教入。

论曰：依此所说十二处教受化者，能入数取趣无我。谓若了知，从六二法，有六识转，都无见者乃至知者，应受有情无我教者，便能悟入有情无我。

说化生有情，为除断见，故非无益，佛密意说。说十二处色等诸法，有何胜利密意说耶？故此颂答云，依此教能入数取趣无我。梵云，补特迦罗，此云数取趣。随业受果，死此生彼，数取诸趣，未至爱尽，轮转不绝，故云数取趣，即有情异名。云无我者，但有其法，但有其因，但有其果，因果相续别无主宰作者受者故。此即五蕴聚集相续之上，总无我义。十二处教者，十色处外，意处，法处，合十二处。云六二法者，六识根境，各有二法，谓眼处色处，乃至意处法处，即十二处名六二法。从六二法有六识转者，谓经说言，眼根不坏，色境现前，作意正起，有眼识生。如是乃至意根不坏，法境现前，作意正起，有意识生。故此六识从六二法转。转谓转变生起。都无见者乃至知者，此即显示无有我义。既知六识从根境生，待缘而起，故无主宰，不得自在，即无有我。以无根境，识不生故。生已还灭，不常住故。此中谁是真实恒常见者闻者嗅者尝者触者知者？由此故能悟入数取趣无我。应受彼教者，谓声闻等。知无有我，不怖我断，于世间法，观苦厌离，趣解脱故。复依此余，说唯识教受化者，能入所执法无我。谓若了知唯识现似色等法起，此中都无色等相法。应受诸法无我教者，便能悟入诸法无我。

说六二法既能悟入有情无我，正趣解脱。说唯识教复有何义？由彼唯识教，能正悟入所执法无我故。所执法者，谓遍计所执法。此法无性，故名法无我。谓所执法，但随自心，虚妄遍计，执以为实。如说外境，外境本空。但由自心于自所现，不正知故，执以为外。如达唯识变似色等法起，于彼外境不实诸法，了知非实，自性皆空，由此应受诸法无我教者，便能悟入诸法无我。此中应受诸法无我教者，谓诸菩萨。悟入法空，方能正断所知障种，成大菩提，得大转依，于诸有情大悲愿力无有穷尽。故佛为彼方正显说唯识圣教，不为余说。《导论》云："法无自性，是极重事，欲令悟入，世尊遂说色等诸法而无自性。欲使诸余诸大菩萨，得彼如来殊胜妙位，周遍生界为大胜益。此如何作？谓色等诸法相似现前，但唯一心。除识以外曾无片物，为色等性，是可见事。由是故知，色等诸法无有自性。斯言意显诸事自性由自识力变现生起，理成决定。随其所知所有诸事并皆离识无别可取，但唯是此而现相状。是以故知实无自性，便能悟入法无性理。有说，若唯悟入法无性者，此据能胜作是说耶？所见之境唯是错乱。据胜义理，本性空无。作此宣扬，善符中观所见境无，识非有故。答斯固未闲作何意趣。且说如是心心所法，所见之境，不称其事，妄为领纳取不实相名为错乱。岂非但说而唯有识？若言诸法一亦无者，尔复如何有所宣说。境既是无识非有故。将梦等喻善为晓之。如上所陈无劳致惑，不待外境但唯是识。"

　　若知诸法一切种无，入法无我。是则唯识亦
　毕竟无，何所安立？

　　诸小乘等闻说通达唯识，入法无我，于此法无我。不善了知，以一切种无，为法无我，因兴此难，是则唯识亦毕竟无，以识亦法故。何所安立，前说安立大乘三界唯识即无所立。量云：汝唯识义应不得成，以一切法皆无有故，如汝外色。

　　非知诸法一切种无，乃得名为入法无我。然
　达愚夫遍计所执自性差别诸法无我，如是乃名入
　法无我。非诸佛境离言法性亦都无故，名法无我。

　　论主答彼法无我义，非谓诸法一切种无。若一切无，是则无有世出世间，缘生法事、业报差别皆无所有，如此宁复说有一切法无我言。是则名为恶取空者。故我大乘所云法无我者，但说依

他起法心心所外，别无愚夫遍计所执色等外境，自性差别。了知彼等离心无有别自实性。此心心所依他起故，如幻事等，亦无恒常实有我性。故说诸法皆无自性。由此悟入诸法无我。若谓一切种无，则应诸佛根本后得二智境界离言法性亦都无有。如此空执成大邪见。故知法无我言，但遣遍计所执。依他起性心及心所及所变相，从缘生故，亦如幻有。圆成实性，理无倒故，亦真实有。此二种法，自性离言，是故说名离言法性。以诸言说，皆是分别遍计施设，非实有故。

余识所执此唯识性，其体亦无，名法无我。不尔，余识所执境有，则唯识理应不得成，许诸余识有实境故。

此复遮遣唯识性执。谓余凡愚不能真实入唯识者，执离心外有唯识性，以为此识之所缘境。此唯识性，即便同彼外境实执，故亦应遣。如不尔者，外境执余，唯识境有，则唯识理应不得成，执唯识性是实境故。量云：余外境实有，执离心外有实境故，如汝唯识性境。又唯识性境无，许离心外无实境故，如外色等境。余识所执唯识性既无，则唯识性云何安立，如何为所缘耶？谓唯识性，就理安立。此唯识理，遍诸法故。就无离识别有外法，立唯识言。故唯识性，非别实物离识而有。心缘彼时，圣者观心，都无所得，说证唯识性。后得智中，依心施设，无离识境，说名唯识。凡无所缘于自识上变起唯识影相以为缘故，名观唯识。故此皆非离识以外，别有唯识性境，以为识所缘。如此通达方于唯识不起异见。

由此道理说立唯识教，普令悟入一切法无我，非一切种拨有性故。

总结正义。谓外境既遣，识执亦空，而不拨无依他圆成离言理事。由此普令悟入一切法无我，非恶取空拨一切有性故。

记云：第一段中自下第三返破他宗外境非实有证知唯有识。于中有三，初小乘等因前起问，次举颂下论主正破，后已辩极微非一实。下结归唯识。

复云何知佛依如是密意趣说有色等处，非别实有色等外法为色等识各别境耶？

此初外小问起也。

颂曰：

以彼境非一，亦非多极微。

又非和合等，极微不成故。

记云：自下第二，论主正破，合有五颂，于中有三，初之一颂合破外小，次有三颂正破小乘，后有一颂正破外道设破小乘。此即初也。第一句破外道，下三句破小乘，二句破古有部毗婆沙师，三四句破经部及新有部顺正理师。又非和合等立宗，等者等取和集。极微不成故立因。

论曰：此何所说？谓若实有外色等处与色等识各别为境。如是外境或应是一，如胜论者，执有分色。

论中先叙执，后申破。叙执中先执境一，即胜论计。记云：此师本计有六句义，后有末执立十句义。六句者，一实，二德，三业，四大有，五同异，六和合。实中有九，谓地、水、火、风、空、时、方、我、意。其地水火风是极微性，若劫坏时，此等不灭，散在处处，体无生灭，说为常住。有众多法，体非是一，后成劫时，两两极微合生一子微，子微之量等于父母，体唯是一，从他生故，性是无常。如是散极微，皆两两合生一子微，子微并本合有三微。如是复与余三微合生一子微，第七其子等于六本微量。如是七微复与余合生一子微，第十五子微其量等于本生父母十四微量，如是展转成三千界。其三千界既从父母二法所生，其量合等于父母量，故三千界为识等境，体唯是一。然色是火德，乃至触是风德。眼见色时不得风大，得地水火，以于色中无风相故。耳鼻舌三得声香味时，得三亦尔。唯身得触时，得四大，以于触中有风大故。意缘一切。故有分色，为眼识等境，体唯一物，其子粗微名为有分，有细分故。其本细微但名为分，不有他故。广叙此执，如《成唯识论述记》。

　　或应是多，如执实有众多极微各别为境。

　　次叙执多，又二，此毗婆沙义。记云："此师意说如色处等体是多法，为眼识境。所以者何？其一一极微体是实有，合成阿耨，阿耨是假，故此以上皆非实有。五识既缘实法为境，故不缘于阿耨以上和合假色。故色处等为眼识等境时，其实极微一一各别为眼识等境，不缘假故，以有实体能生识故。"阿耨色以上所以为假者，以离极微无别体性故，如军林等。与前有分色异者，彼执父母微合别生子微，子微别有自体，故是实有。此无别体，是以但假。

　　或应多极微，和合及和集。如执实有众多极微，皆共和合和集为境。

　　执多中有二计。经部执极微和合为境，顺正理师执和集为境。记云：经部师实有极微非五识境，五识上无极微相故。此七和合成阿耨色，以上粗显，体虽是假，五识之上有此相故，为五识境。一一实微，既不缘著，故须和合成一粗假，五识方缘。故论说言，实有众微皆共和合。其正理师恐违自宗眼等五识不缘假法，异于经部。若顺于古，即有陈那五识之上无微相故，非所缘失。遂复说言，色等诸法各有多相，于中一分是现量境，故诸极微相资各有一和集相（此与经部异者，彼阿耨色是即多微和合之相，故离别外，总即无有，此则说极微相资，各有一和集之相，此和集相仍是各别极微所有，但必多微相资，此相乃现为现量境。其极微相则非现量境也），此相实有（非多成故，资但为缘耳），各能发生似己相识，故与五识作所缘缘。如多极微集成山等，相资各有山等量相。（此意说言多微山相，交遍互摄。一微和集相，量等所见山。以山即彼和集相故。）眼等五识缘山等时，实有多极微相资山相，五识并得，故成所缘（此用喻显，如一灯光遍满一室，余灯之光遍满亦尔。眼识缘光，诸灯之光并一时得，然不觉有多光之相。所不同者。一灯之光不待余灯相资乃成遍满。此和集相，待于多微相资，然后定其相之大小等耳），不尔即有非所缘失。许有实体，但为缘故。故论说言，实有众多极微皆共和集。广如陈那《观所缘缘论》及《成唯识论述记》说。

　　且彼外境理应非一，有分色体，异诸分色不可取故。

　　自下破执，此破执一。此外境一，指三千界共为一子微相也。此名有分色，有多分故。然非离诸分色外，别有有分色可取。分色既许多，故境应非一。量云，汝境有分色非一，许即多分色故，如汝多分色。

记：立量云，"汝有分色非异分色，异诸分色不可取故，犹如分色。汝若又言谁谓有分异于分色是不可取，因随一者。应更破云，汝有分色定非异于诸细分色，汝宗自许实句色故，如细分色。或于前因应置许字，我意自许异于分色不可取故，无随一失。"亦可论就世间现见非异诸分色有别有分色体可取，以为彼过，故不置许言。

理亦非多。极微各别，不可取故。

此下破执多，先破古有部。记云："汝言极微一一各别为五识境，此定不然。极微各别，眼等五识不可取故。然汝自宗异生等眼不见极微，五识之上不现其相，如何说极微各别为境？应立量言：各别极微，非五识所缘；眼等五识不可取故；如眼根等。故此论中极微各别但是有法，不可取故但是其因，略无同喻及所立宗。或应量云：聚色多极微，非五识所缘；极微各别五识不取故；如眼根等。论有宗言及因。"今更立量云：汝境实非多，所缘色上所执极微不可取故，如现所见色声等境。理亦非多是其宗义。下句正因。以世共见将为同喻，不违论旨。记又云："《观所缘缘论》约所缘缘以立量破。所缘缘者，谓能缘识，带彼相起，及有实体令能缘识托彼而生，具二支义。色等极微我非许有，设有实体能生五识容有缘义，然非所缘，如眼根等，于眼等识无彼相故。遂立量云，极微于五识，设缘非所缘，彼相识无故，犹如眼根等。彼言虽别，意与此同……"

又理非和合或和集为境，一实极微理不成故。

次破经部及顺正理师，记云：经部等极微有一实体，唯意识境。萨婆多师等亦有一实体，十处所摄六识之境。然汝所执一实极微，我不许有，理既不成，故说极微和合和集义皆乖反。然《观所缘论》破经部师言，色等和合于眼识等上有彼相故，设作所缘，以粗唯显故，识现相故。然无缘义，无实体故，如眼错乱见第二月。《成唯识论》复破彼云，非和合相异诸极微有实自体，分析彼时，似彼相识定不生故。彼和合相既非实有，故不可说是五识缘，勿第二月等能生五识故。此中难意，若有实极微，容有和合假，能合实非有，所合假成无。《观所缘缘论》破正理师云，如坚等相是实有，于眼等识容有缘义，而非所缘。眼等识上无彼相故。色等极微诸和集相，理亦应尔，彼俱执为极微相故。遂立量云：极微和集相，设于眼等识，是缘非所缘；许极微相故；犹如坚湿等。执眼等识能缘极微诸和集相，复有别生瓶瓯等觉相，彼执应无别，非形别故别，形别非实故。又不应执极微亦有差别形相，所以者何？极微量等故，形别唯在假，析彼至极微，彼觉定舍故。《成唯识论》复作是说，彼执不然，共和集位与未集时体相一故。（此破不应有和集相。）瓶瓯等物极微等者，缘彼相识应无别故。（此破诸和集相应无分别，或应和集相外应无别有瓶瓯等相。）共和集位一一极微各各应舍微圆相故，非粗相识缘细相境，勿余境识缘余境故，一识应缘一切境故。（此破极微不作五识境，即是前立境亦非多宗。）此论但有破本极微既非实有，所成和集理实不成。种种推征，如余论说。

云何不成？颂曰：

极微与六合，一应成六分，

若与六同处，聚应如极微。

上颂虽有极微不成故言，犹未详辩不成之理，故此问起，次以颂答。颂总有三，初二颂破极微有合无合不成，后一颂破极微有分无分不成。初二颂中初颂设答不成，后颂破救不成，此初颂也，义如论解：

论曰：若一极微六方各与一极微合，应成六分，一处无容有余处故。

此解初颂二句，意在显示极微不成。所以者何？有方分故，应可分析，如诸聚色。云何应知此有方分？彼许七极微和合共成一阿㝹色故。七极微合，中间一微，六方六微，故此中间一微，应有六分。一微合处，不容余极微合故。中间极微既有六分可得，余六微亦尔，许量互等故，如中间极微。

一极微处若有六微，应诸聚色如极微量，展转相望不过量故，则应聚色亦不可见。

次解后二句，破无聚色。所以者何？若许极微无方分者，则应一微合处，余微亦合。如果七微互融，合与未合，量应相等。则尔聚色量同极微，展转相望不过量故。如此即应聚色不可见，量等极微故，如极微。如是即成无有聚色。

迦湿弥罗国毗婆沙师言，非诸极微有相合义。无方分故，离如前失。但诸聚色，有相合理，有方分故。

自下破救，先撮彼救，后颂破之。记云：迦湿弥罗，北印度境。《毗婆沙论》在此国造，故以为名。婆沙，说也。毗有三义，一胜义，此论决定胜余论故。二异义，于一部中诸师异说故。三广义，于一一义中诸师广说故。此师既见前破，设遮彼义，遂作是言，非诸极微有相合义，此立宗也。无方分故，显不合因。故无前破我失。阿耨色以上诸大聚色可有相合，有方分故，可成六分，聚色亦成。

此亦不然。颂曰：

极微既无合，聚有合者谁？

或相合不成，不由无方分。

论曰：今应诘彼所说理趣。既异极微无别聚色，极微无合，聚合者谁？

颂破救中，上二句但正征诘。若说极微无方分故，极微无合，聚色有方分，故有合者。然汝聚色，由微聚合然后得成。微既无合即不成聚色。聚色无故，其合者谁也？

若转救言，聚色展转亦无合义。则不应言，极微无合无方分故。聚有方分亦不许合，故极微无合，不由无方分。是故一实极微不成。

设为彼救，更为破之。救言聚色展转亦无合义，以极微无合故，则不应言极微无合由无方分。以尔聚色，虽有方分亦不合故。如是微虽无合，何不许彼有其方分，反显纵极微有方分亦不合成聚色矣。是故一实极微不成，合与不合俱不应理故。

又许极微合与不合，其过且尔。若许极微有分无分俱为大失。

结前合与不合，起下有分无分。

所以者何？颂曰：

极微有方分，理不应成一，

无应影障无，聚不异无二。

论曰：以一极微六方分异，多分为体，云何成一？

破中颂初二句，破有方分。彼说极微，极微细故，不可复分。故名极微。今有六方分异，便可分析。可分析故，多分为体，如诸聚色，不成一极微也。

若一极微无异方分，日轮才举光照触时，云何余边得有影现？以无余分光所不及。

颂下二句，破无方分。其过有二，一应无影，二应无障。聚不异无二，破外救义，令极成立。今出初过。日光照物，一边得光，余边现影，以现影边，光不及故。由此定知极微有方分。设谓无方分，则东西两边承光发影，应无其事，如是便有现量相违失。《成唯识论》云，若无方分，则如非色，如何和合？承光发影，处既不同，所执极微定有方分。

又执极微无方分者，云何此彼展转相障。以无余分他所不行，可说此彼展转相碍。既不相碍，应诸极微展转处同。则诸色聚同一极微量，过如前说。

此释二过。既无方分应同虚空。一一极微应互融摄，皆同一处。如此亦不应和合成聚色。以诸微处同，聚微量等故。然而世间现见众色展转相碍，一分相接，不行他分，故尔极微定有方分。量云，汝执极微定有方分，所成聚色互相碍故，如世现见诸相碍色。汝执聚色应无方分，执能成极微不互相碍展转处同聚微量等故，如汝极微。

云何不许影障属聚不属极微?

外复救言,影障属聚色,有方分故。不属极微,无方分故。

岂异极微许有聚色,发影为障?

论主返诘。

不尔。

外人答言:非异极微有别聚色,彼宗说极微,是实非假,聚微成聚色,是假非实。离微无聚色,故说不尔。

若尔,聚应无二。谓若聚色不异极微,影障应成不属聚色。

论主复诘。若如尔说,非异极微有别聚色发影为障。如是,则应聚色无二,为障发影。以即微故,微既不能为影障二,聚复何能?量云:聚色无影障。即极微故,如汝极微。然诸世间现见诸聚色等非无影障。应彼极微有影障二,许不异微有聚色故,聚色即以极微为体故。是故影障定属极微。微有影障二,应实有方分。量云:汝执极微定有方分,有影障故,如世所见色。《成唯识论》云:"既和合物,即此极微发影障等,故知极微定有方分。"既有方分,还不成微。此一颂中,初难极微不成,有方分无理。次难无方分,世间等相违。第四一句重成第三句。

觉慧分析安布差别立为极微,或立为聚,俱非一实。

上来破极微已,此申正义。记云:然大乘中极微亦假,法处所收。但从大物析成于小,名为极微。非从于小积以成大。《成唯识》说,然识变时,随量大小,顿现一相,非别变作众多极微,合成一物。为执粗色有实体者,佛说极微,令其除析,非谓诸色实有极微。诸瑜伽师以假想慧于粗色相渐次除析，至不可析，假说极微。虽此极微犹有方分，而不可析。若更析之，便以空现，不名为色，故说极微是色边际。广如《瑜伽》第三及五十四，《显扬》第五及十六十八等解。又云，故今论言觉慧分析，安布差别立为极微。若不析时，顿现一相，即立为聚。聚色可更析，微假慧安布。故微与聚俱非一实，遮彼聚微体是实有。非我大乘聚亦称假，有实色用别从种生，非诸极微有此义故。

何用思择极微聚为？犹未能遮外色等相。此

复何相？谓眼等境，亦是青等实色等性。

自下一颂，正破外道，设破小乘。初定彼计，次破彼执，三破彼救，四结归唯识，此初也。外道说言，何用思择极微聚色为，尔犹未能遮遣外色等相。此相有故，境色不无。论主因言，此复何相。外人答言，谓眼等境。等取耳鼻舌身。眼等之境亦是青等实色等性。青等，等取黄赤白等。实色等，等取声香味触等。既眼等有境，青等有性，如何说言外境都无，但有识耶？

应共审思，此眼等境，青等实性，为一为

多？设尔何失？二俱有过。多过如前，一亦非理。

颂曰：

一应无次行，俱时至未至，

及多有间事，并难见细物。

次破执中，先征彼境为一为多。谓既执有实境，唯此境为一为多。设谓为多，应是极微，然如前破，已见多过。若谓为一，复见非理。此一颂中，出其五过。记云："颂中一字，牒外人执。应无二字，通下论五难。五难者何？若执境一，一应无次序行义，二应无俱时至未至，三应无多有间事，四应无有间，五应无难见细物，今合第三多有间事，第四有间，为第三句。及并二字，显相违释。"

论曰：若无隔别，所有青等眼所行境执为一物。

总叙外宗释颂一字，次下别破。记云："彼宗意谓，若有隔别眼所行境，体即是多。无隔别时，所有青等，眼所行者说为一物。其声香等，类色亦然。"

应无渐次行大地理，若下一足至一切故。

此第一难。记立量云："无隔障处，下此一足时，所未至处亦应已至，汝执一故，彼即此故，犹如于此。或云，无隔大地，应无渐次行义，若下一足至一切故，如此足处。然今眼境名大地者假名大地，非实地大。"

又应俱时，于此于彼，无至未至。一物一时理不应有得未得故。

此第二难。既无渐次行大地理，即应俱时于此于彼，无至未至。量云：汝足至此时，应已至彼，执此彼一故，如此。或汝足至此时，应不至此，执彼此一故，如彼。一物一时理不应有得未得故者，得显已至，未得显未至。

又一方处，应不得有多象马等有间隙事。若处有一，亦即有余，云何可辨此彼差别？

此第三难。既无俱时至未至义，则于一方处有多象马等，应此象马等，成无间隙事。所以者何？执境是一，象于一时，无至未至，马等亦尔。故马至处，象亦应至。象所至处，马亦应至。是则象处有马，马处有象。如此象马相融，合成一体，云何可辨此彼差别？量云：马处应有象，执境一故，如象处。象处应有马，执境一故，如马处。马象应相杂执处一故，如多灯光杂满一室。马象应无分，许体遍杂故，如室众灯光。此与世间现量相违，马所到处象不至故，马象互成间隙事也。

　　或二，如何可说于一处，有至不至，中间见空？

　　此第四难。或二，谓如象马或二。中间见空，谓象马俱不至处。量云：象马在处，中应无空；执境是一，无有不为象马至处故；如象马在处。

　　又亦应无小水虫等，难见细物。彼与粗物，同一处所，量应等故。

　　既无一物，至与未至。象马所在，即遍至彼境。如是小水虫等，如与粗物同一处所，即应亦同遍所住处。如是小虫，量与粗物，即应同等。量云：粗物细物量应平等，以体俱遍所住境故，如众灯光同满一室，其量平等。如是难见细物，即非难见细物，量同粗物故，如粗物。云小水虫等难见细物者，谓有细虫，水中繁殖，肉眼不见，天眼乃见。亦如今时显微镜等所见细物。

　　若谓由相，此彼差别，即成别物，不由余义。则定应许此差别物展转分析成多极微。

　　此破救义。记云："正量部计，谓见如前五义破一，遂作是义：亦非无隔眼所行境，体皆是一物。所以者何？由彼地相，此象彼马处有差别，即成此彼二处地别。如是四足处各差别，即成四一。蹄足之下东西各殊，其地即异。不由异义。所余无隔眼所及境，名为一物。有隔不及，遂即成多。故我宗中无前彼失。"上揲彼计，下文正破。既随相差别，即成别物，则此差别物，展转分析，应成多极微。即便失尔一境之执。是故世间无定实唯一物者。

　　已辨极微非一实物。是则离识，眼等色等若

根若境，皆不得成。由此善成唯有识义。

　　破他宗中第三总结不成，显归唯识。汝之外境，一既不成，若许极微，极微已破，是则外境毕究不成。眼等色等，若根若境，但是识变，由此善成唯有识义。

　　或复问言，既彼外境一多不成，此内识变似色等境为一为多。答，依唯识义，非一非多。云非一者，既无实物，为色等体。色声等境，各随自识变。于一处所，色等多法，随缘聚集，是故非一。如坚白聚，假立为石，实非是一。亦非多者，诸识生时，随量大小，顿现一相，既不由于多微和合乃成粗色，故彼色等亦复非多或可许多，青黄赤等各不同故。亦可许一，一识变故。声香味触，一多亦尔。故识所缘似色等相，非一非多，都无定执。

　　记：自下大文第二，释外人难现量证境有返破忆持执。此第二段有一颂半，合分为二，初之一颂释现量证，后之半颂释忆持执。于中皆先难后破。

　　诸法由量刊定有无，一切量中现量为胜。若

无外境，宁有此觉：我今现证如是境耶？

　　此外难也。谓言诸法自性或有或无，由量刊定。刊者，削也，定者，成也。谓彼诸法无者由量刊之，知其非有。有者由量定之，知其非无。或舍或存，各如其性，故云刊定，犹云判决。或有或无，由量判决之也。所云量者，谓心心所于所缘法，能缘虑故，能为度量。或有或无，大小多少，是非白黑，声香味触，皆能量度，故名为量。量有三种：一者圣言，谓诸圣人所有言说，众共信奉以为实故，于诸诤论取决于彼，故名为量。二者现量，现前现在，显现之境，心心所法于此境上，现前现在显现明了而度量之，故名现量。境非障隔，亦非过未，亦非模糊。能缘于彼，亦无障隔，亦非忆想，犹豫疑惑。如母与子，现前观照，如是名为现量也。言比量者，境非现前，有障隔故。亦非现在，或已过去或未来故。亦非显现，模糊辽远，难决定故。心心所法于此等境，假于众相而观其义，故名比量。如远见烟，比知有火。由习见有烟处，必有火故。故今见烟，知其有火。又如见牛迹，知有牛过，又如见石疑以为虎。掷石投鞭，不闻吼声，亦不动转，知彼非虎。凡此皆藉余事众相，比知所余不现前（火），不现在（牛），不决定（虎）义，是则名为比量也。一切量中现量为胜者，为彼二量之根本故。谓比量必藉现量以行，素无现觉，无所施其比量故。圣言量，亦圣人现量证得而后说故。故诸言说是否圣言，一切比量是否真实，还当取决现量。为有非有，是实非实。现量实有者，真实有故。

已知诸量，现量为胜。是故现量有者，决定是有。设非有者，现量决不能得。若无外境，世间人众，云何得有此觉：我今现证如是境耶？如说我今见色闻声，乃至触水火等。现证外境之觉，既非是无，故知外境定是实有。《成唯识论》亦有此难，彼云，色等外境分明现证，现量所得，宁拨为无？

此证不成。颂曰：

现觉如梦等，已起现觉时，

见及境已无，宁许有现量。

论曰：如梦等时，虽无外境，而亦得有如是现觉。余时现觉，应知亦尔。故彼引此，为证不成。

自下论主破之，颂有二义，论亦分二。初举梦喻，现觉无外境，次以理显，现觉无现量，此初也。云梦等者，等取眩瞖。于此等时，虽无所缘真实外境，而亦自觉我今现见色声等相。觉时亦尔，虽起现觉，然彼现所见者实非外境。量云：现觉不缘识外实境；许识所缘，唯识变故；如梦时现觉。故彼现觉，为证不成。

又若汝时有此现觉，我今现证如是色等。尔时于境能见已无。要在意识能分别故，时眼等识，必已谢故。刹那论者有此觉时，色等现境亦皆已灭，如何此时许有现量？

次破现觉有现量。现前证境，名为现量。觉我有此现证之事，名为现觉。正量部说，心心所法，灯焰铃声，唯灭相灭，念念生灭。色等法灭，亦待外缘。即随此事长短一期，后方有灭，故先破言。又若汝时有此现觉，我今现证如是色等，尔时于境能见已无。此说尔时能见色等五识已无。要在意识能分别者，惟有意识具随念、计度、自性三种分别，故能分别前现见事，及能分别我今现见色等外境。若在五识，彼不能作此分别故。彼时无此觉。正起此觉时，眼识等已谢。尔时何能复有现量？记，立量云："起此觉时，必非现量，是散心位能见已无故。（应作于境能见识已无，恐滥意识之觉无能见故。）如散心位缘于过去百千劫事。"又萨婆多刹那论者，彼说色等皆刹那灭。故有此觉时，色等现境亦皆已灭。如何更有色等现量？记，立量云："起此觉时，必非现量；是散心位境已无故；如散心位缘过去世百千劫事。"今立量云：现证外境觉必非现量；现证心境，时俱灭故；如觉过去久远现证事觉。

　　要曾现受意识能忆，是故决定有曾受境，见此境者许为现量。由斯外境实有义成。

　　下破忆持识，先由彼救。纵许现觉，非即现量但属忆持。然此忆持识缘曾受境，若不曾受后不忆故，是故要有曾现受境。见此境者，五识所缘，彼此共许为现量境。由斯外境实有义成。

　　如是要由先受后忆，证有外境，理亦不成。何以故？颂曰：

　　如说似境识，从此生忆念。

　　论曰：如前所说虽无外境而眼识等似外境现。从此后位与念相应，分别意识似前境现，即说此为忆曾所受。故以后忆证先所见实有外境，为理不成。

　　此破也。破中先受后忆，我亦共成。然即由此证有外境，则为非理。所以者何？以先受非外境故。如前已说内识生时似外境现，如有眩翳见发蝇等，此中都无少分实义。又如梦中所见男女宫室山川树林，鬼见脓河，地狱所见狱卒狗乌。前已广辩，非实外境，但由眼识等似外境现。此等后位与念相应分别意识，似前境现。即说此为忆曾所受。既识现境，后得忆持。诸所忆持，非实外境。如何得以后时忆持，证先现受，为外境耶？《成唯识论》作是说言：现量证时，不执为外。后意分别，妄生外想。故现量是有，外境实无，以诸外境，唯识变故。现量不缘外境生故，亦不分别内外相故。故尔外境唯计所执。唯识之理决定得成。

《导论》云：如离于境得有其见，忆念同然。为其能立不共成故，宗及于喻欲晓悟他，于境领受，全无力用。又云：从此生忆念者，不待外境而现前故，见之自性方始得生。虽无实义，念与意俱，由现见识，所有功能安置力故，随其次第，假藉余缘为能牵引，觉想方生，当尔之时名为忆念。

自下大段第三有半颂，释小乘外道难，以梦例觉时，应知境无失。先叙外难，后举颂破。

> 若如梦中虽无实境而识得起，觉时亦然。如世自知梦境非有。觉时既尔，何不自知？既不自知觉境非有，宁知梦识实境皆无？

若如唯识论者所说，梦无实境，觉时亦然。则应觉时，知境非有。所以者何？一切梦境，人皆自知，非有境故。而今世人，知梦境无，知觉境有，所知既异，境应不同。一切无境斯为大失。此以恒人之执，难胜义非有。

此亦非证。颂曰：

> 未觉不能知，梦所见非有。

论曰，如未觉位，不知梦境非外实有，觉时乃知。如是世间虚妄分别串习悟热，如在梦中，诸有所见皆非实有。未得真觉，不能自知。若时得彼出世对治无分别智，即名真觉。此后所得世间净智，现在前位，如实了知，彼境非实。其义平等。次论主破。汝云世人共知梦境非有故非有者，然彼正知，要待觉已，方乃正知，若在梦中，岂能知耶？世俗既有梦觉不同，胜义复有梦觉差别。如此世间诸有情类，日夜奔驰，寻名逐利，好色作乱，一切一切，执为实有，自谓觉者，圣人视彼皆在梦中。所以者何？虚妄分别，串习惛热，习非成是，执无为有，如昏如醉，诸有所见，皆非实故。未得真觉不能自知彼境非实。若时得彼出世对治，无分别智，即名真觉。云出世者，《成唯识论》云："二取随眠，为世间本。智能断彼，名出世间。"远离世间一切虚妄不实分别，贪爱欲取，我执法执。超然无系，无取无得，证法实性，名出世间。能断彼智，说名对治。此智以离我法薰习妄分别故，名无分别。证法实性，故名为智，是即菩萨见道以往根本无分别智。此时此智即名真觉，觉诸迷网出惛梦故。此后所得世间净智现在前位如实了知彼境非实。根本智后，之所生故，名后得智。此智行于一切世间有分别相，故名世间。体是无漏，离诸垢染不实分别，虽行分别皆正知故，无执取故，复名净智。此智现前，便能了知先来生死虚妄执境一切皆空，凡所有相一切不离自心幻起，由斯便了三界唯识外境非有。根本智中，无所得故，诸相并泯，一法不取，虽证识性，而无三界心境分别。要后得智乃观识变，亦如人从梦觉，于正觉时但离昏睡离诸梦想。于既觉已，乃复回观梦中境事，虚妄非实，哑然失笑，慨喟唯心。二智所缘，不同如是。夜梦不知境假，觉时乃见其非。生死梦中，不证唯识，真觉乃知识变。二义平等，何用疑惑。故尔不应以大梦中人所不了义，非难唯识。

记云："生死之识不称实理说为虚妄。无始已来数数熏发，名为串习盖缠覆蔽，称之为惛。毒火所煎，号之为热。或复串习无明称惛，圣智不生名之为热，犹如世间数习暗昧惛睡之识，名之为梦，生死亦尔。如经所说生死长夜。生死妄梦异真智生，故此所缘皆非实有。颠倒虚妄所显现故。量云：生死梦识所缘之境皆非实有，许梦境摄故，如极成梦境。无始时来串习虚妄未植善根，真智不生，如何得知生死梦境不实显现如梦境无？此答前难。量云：生死之识不能称理知自境无，许梦境摄故，如极成梦境。不虚妄故名真，如实了故称觉。此离诸缚，超诸粗重，得此名入诸圣朋流，故名真觉。简异世觉，立真觉名。"

记自下大文第四段复释外难二识成决定，外境非无失。

若诸有情由自相续转变差别似境识起，不由外境为所缘生，彼诸有情近善恶友，闻正邪法，二识决定。既无友教，此云何成？

此外难也。若如汝唯识家言，一切有情但由自相续转变差别，似境识起，不由外境为所缘生。云自相续，简非友教。友教即是异相续故。转变差别者，谓由自识种子熏习不同，随诸缘合，转变生起多差别相，即善或恶，色声等相。似境识起，谓似彼外境善恶等相，差别识起，而实不由外境色声邪正等法为所缘生。是则云何彼诸有情，亲近善友听闻正法故，有正性生；亲近恶友，听闻邪法故，有邪性生。善恶二识，随于他教而得决定，非是但由自识转变自作主宰而得生起。由是故知，外境实有。若实唯识，非有外境，善恶友教二识决定，如何得成？许无外境，惟有识故。如梦等境。如是便有世间相违之失。

非不得成。颂曰：

展转增上力，二识成决定。

论曰：以诸有情自他相续诸识展转为增上

缘。随其所应二识决定。谓余相续识差别故，令
余相续差别识生，各成决定。不由外境。

此破执也。论言以诸有情自他相续诸识展转为增上缘者，此
有二义，一者唯识不云唯我，自相续外无余有情，许有无量有情
界故。《成唯识论》作如是言："奇哉固执，触处生疑，岂唯识教，但
说一识。不尔，如何？汝应谛听：若唯一识，宁有十方凡圣尊卑，因
果等别？谁为谁说，何法何求？故唯识言，有深意趣。识言总显
一切有情各有八识，六位心所，所变相见（色等），分位差别（不
相应行），及彼空理所显真如（无为）。识自相故，识相应故，二
所变故，三分位故，四实性故。如是诸法，皆不离识，总立识名。唯
言但遮愚夫所执定离诸识实有色等。若如是知唯识教意，便能无
倒，善备资粮，速入法空，证无上觉。救拔含识，生死轮回。非
全拨无恶取空者，违背教理，能成斯事。故定应信一切唯识。"由
是可知，言唯识者，但说各各有情所缘境界，皆自识变。不说惟
有自识，余诸有情皆如梦中所见男女，又如地狱所见狱卒。由此
故说，以诸有情自他相续诸识展转为增上缘，是故友教而得成
就。此一义也。又复当知，云唯识者，非谓自识而外，全无外境。他
识所变，对自亦名外。然说诸识缘彼境时，不能直接亲取彼境。亲
所缘者，唯识变故。余识所变但于自识作增上缘。展转令他，识
自变耳。诸佛说法善友恶友，所有言教音声差别，但于余识作疏
所缘缘。余识仗之另变相分，为亲所缘缘。故诸有情虽受友教，彼
亲所受仍自识变。以是之义，说名唯识。非谓他识所变境界，一
切都无。云何得知识缘友教不亲缘彼？随诸有情慧根浅深，信愿
大小，其所得者各不同故。谓诸有情同从一师共闻教法，然其所

闻各识不同。回也闻一以知十，赐也闻一以知二。佛以一音演说法，众生随类各得解。华严会上，诸大声闻如盲如聋，不解一字，是则耳识所闻纵复相似，意识所会，各不同矣。盖友教授受，由能说者以其意识缘名色境发动语具，出其声音。从俗所同，因成语表。由此自识所变声音为增上缘，余受教者八识所变他根依处所成语具，亦自变生彼类音声为疏所缘缘。闻者耳识乃复仗托，起亲相分，同类音声，为自耳识亲所缘缘，俱时意识变相亦尔。次有意识于此语表悟解其义，取意言境，知了决心。如彼教者与受教者思想学问素不相远，意所缘境互不相违，则彼所解即甚相近，或时更能告往知来，启发其师。若能教与受教彼此智相远，则教者意境非彼所知，如是所言便成废语。如异地人不习异地语，闻异地语时，耳识虽有音声屈曲。意识上无义理是非，便同风声水声，松涛等音，都无有义。要自意识先能了义，然后于他语起分别。又诸有情善根厚薄，于受教时所得亦异。能教之人虽具大德，彼受教者根器太浅，则其习染，更转甚难。若夫大贤之资，忠信成性，则闻言感激，奋然思齐，骐骥追风，一日千里矣。亲近恶友，亦复如是。孔子曰，性相近也，习相远也。唯上智与下愚不移。不移之人，则虽近恶友而善性不失，虽近善友而顽固不化者也。其余中人，则随缘化导，而善恶增减矣。要其所以增减者，以其自识上种待缘而有行与不行，非谓友教便能直接增减之也。是则友教于人但作增上缘，不作亲因缘。故尧舜不得于子，舜禹不得于父，兄弟师生贤愚善恶不能强同，而诸佛如来亦不能强度有情，根未熟者，性不具者，终不能如之何也已。友教既不作因缘，识所缘者又唯识唯变，以是之故唯识之义卓然安立。故颂说言，展转增上力，二识成决定。此展转言，显不亲缘。增上力言，显不作因缘。论中余相续识差别故者，显能教者于自识上变差别相。令余相续差别识生者，显受教者因于友教于自识上差别相生。各唯自识变，别无识外境。由此损益，各成决定，而唯识义成。

记：自下半颂，大文第五，又释外难，梦觉心无异，无造行果差失。初外人难，后论主释。

若如梦中境虽无实，而识得起，觉时亦然。何缘梦觉，造善恶行，爱非爱果，当受不同？

外人难意，觉时境界不同梦中，皆唯识变。以所造业受果别故。梦时造业缘自识境起，是以虽行杀业当来不受杀生之报。现不受治罚，后不堕地狱。觉时造业，缘实境起，故行杀等。现受治罚，当堕地狱。行布施善业，受可爱果，或不受果，其异亦尔。由彼造业受果不同，故知觉时定实有境。否则如何造业是同，而彼梦中所作不受果耶？

颂曰：

心由睡眠坏，梦觉果不同。

论曰：在梦位心，由睡眠坏，势力赢劣，觉心不尔。故所造行，当受异熟，胜劣不同，非由外境。

论主答也。记云："不定四中，睡眠心所能令有情身分沉重，心分惛昧。在寐梦心，为此所坏，令心昧故，虑不分明，势力赢劣。其觉时心，既无眠坏，缘境明了，势力增强，不同梦位。（其狂醉等为缘坏心，赢劣亦尔，如梦位心。）故此二位所造善恶，当受异熟，非梦果胜，梦果乃劣。非由外境其果不同。"此中义者，造业受果，悉由自心，心力强弱不同，故造业势力亦异。由业力盛，故能感果。业力羸劣，则不感果，由彼无能摄植当来异熟种故。是故业力由心，不系乎境，譬如世人造业，同一杀生，一由误杀，一由敌杀，一由处心积虑狠毒而杀。一为主杀，一为使杀，一为被人逼迫不得已而杀。如是杀业也同，害人之生命也同，而按世间刑律，其定罪亦各差殊。盖有心者成罪，无心者不成罪。心意轻重不同，则为罪又别大小。罪业如是，善业亦然。同一布施，一由慈善，一由好名，一由逼迫不得已而为之，施心不同，得福亦异。同一持戒，一求菩提，一求解脱，一求福报，一为衣食逼迫，赖佛逃生而受此戒。仪式不殊，心愿则异。比其受果亦自有分。虽执人间赏罚，还当定功罪于心情，不得执事实为究竟，故知受报异同，在心不在境矣。梦中造业不受者，心羸劣故，梦损坏故。如狂乱人，所作善恶。不由无境，乃无报也。觉时得报，亦但由心。此就异熟果说。若夫增上业报，因略有不同。然依有情由各识展转增上力故，成施等事，还由内心，不由外境。

记：自下二颂，大文第六，又释外难无境杀无罪，返诘他宗失。初叙外二难，次一颂解，后一颂诘。

若唯有识，无身语等，羊等云何为他所杀？

记：此即初难，若唯有识，色等境无，由此便无身语业等。彼羊等云何为他人所杀，心外法故。方今世人此难多生，造此论文应休劣意。

若羊等死不由他害，屠者云何得杀生罪？

记：此第二难，心外羊等，若其死位不由他人之所害者，世间杀羊鱼等屠者，云何可得杀生之罪？若许罪是有，即杀心外之羊。心外羊无，屠者云何得罪？返覆二责，无所逃刑。

颂曰：

由他识转变，有杀害事业，

如鬼等意力，令他失念等。

记：由能杀者，为增上缘，起杀害识，转变力故，令所杀者有杀害己，断命事成，故能杀者得杀生罪。如由鬼等意念等故，令他有情有失念等。

论曰：如由鬼等意念势力，令他有情失念得梦。或著魅等，变异事成。

记：先释下半颂能成喻也。如世间鬼，恼乱有情，内意念力，令他有情失本正念，心发狂等。或鬼意爱彼，令他得异梦。如鬼等者，瞿波解云，等取天神龙神犍达缚夜叉神仙人等。及如胎中子，由母爱恼，子心变异，或生或死。或子起欲，母随子欲。或由猫鬼等意念势力，令他著魅，变异事成。既彼亲能令他作此，但由意念增上缘故，此事便成，杀羊等亦尔。虽无外身语，杀事亦成。上解失念，下解得梦，有二事。

具神通者意念势力，令他梦中见种种事，如大迦多衍那意愿势力，令娑婆刺挐王等，梦见异事。

记云：旧《中阿含经》说，娑婆罗那王是眉稀罗国主。容貌端正，自谓无双，求觅好人，欲自方比，显己殊胜。时有人曰，王舍城内有大迦游延，形容甚好，世中无比。王遣迎之，迦游延至，王出宫迎。王不及彼，人睹迦延，无有看王者，王问所以。众曰，迦延容貌胜王。王问大德，今果宿因。迦延答曰：我昔出家，王作乞儿，我扫寺地，王来乞食，我扫地竟，令王除粪，除粪既讫，方与王食。以此业因，生人天中，得报端正。王闻此已，寻请出家，为迦延弟子。后共迦延往阿盘地国中，山中修道别处坐禅。阿盘地王，名钵树多，时将诸宫人，入山游戏，宫人见王形貌端正，围绕看之。钵树多王见娑婆罗那王，疑有欲意。问娑婆罗那曰，汝是阿罗汉耶？王答言非。次第一一问余三果，王皆答言非。又问汝离欲不？又答言非。钵树多瞋曰，若尔，汝何故入我彩女中看著我彩女？遂鞭身破，闷绝而死。至夜方醒，从本处起，至迦延所。迦延见已，心生悲悯，其诸同学，同为疗治。娑婆罗那王语迦延曰，我从师乞，暂还本国，集军破彼阿盘地国，杀钵树多王，事竟当还，从师修道。迦延从请。语王，欲去，且停一宿。迦延安置好处家，令眠，引生感梦。梦见集军，征阿盘地，自军破败，身为他获，坚缚手足，赤花插头，严鼓欲杀。王于梦中，恐怖大叫，呼失声云，我今无归，愿师济拔，作归依处，得寿命长。迦延以神力，手指出火，唤之令悟。问言何故？其犹未醒，尚言灾事。迦延以火照而问之，此是何处，汝可自看。王心方悟。迦延语言，汝若征彼，必当破败，如梦所见。王言愿师，为除毒意。迦延为说，一切诸法譬如国土，假名无实，离舍屋等无别国土，离柱木等无别舍多屋，乃至广说，至于极微亦非实事，无彼无此，无怨无亲。王闻此法，得预流果。后渐获得阿罗汉果。故知依自意，他梦事亦成。

又如阿练若仙人意愤势力，令吠摩质咀利王梦见异事。

记云：阿练若此云闲寂，旷野处也。此中仙人名阿练若仙人。《中阿含经》云，有七百仙人住阿练若，时天帝释严身入中，于下风坐，诸仙皆来恭敬帝释。毗摩质多罗阿修罗王见帝是事，亦忽变为天，著好严具，破其篱垣，入仙人处，在上风坐。仙怪是事，皆不敬之。甚生愤恨，云汝等何故但敬帝释而轻蔑我？故苦诸仙，诸仙忏谢，其恨不已，不受仙诲。诸仙心念，令返衰恼。应时毗摩质多罗王，即大困苦，遂生悔心，惭谢仙等。仙等心念，放赦其憍失，即还如本。今此论说阿修罗得梦，经说觉时遭苦，然理大同。此前所说皆增上缘，令他事起，非亲为缘令有此事。

如是由他识转变故，令他违害命根事起，应知死者，谓众同分，由识变异相续断灭。

返释上半颂，由他识起杀害转变意业故，此有势力，令所杀者命根违害事起。云命根者，谓由业力大小，于现生中决定第八异熟识，相续流注，住寿长短，有其定限，即依此八识住时定限立为命根。此根未尽，得暂相续。然若被杀害，遂致中夭，即此名为命根违害。云众同分者，记云："《成唯识论》说，依有情身心相似分位差别而假建立。此众同分随何生趣？若未舍时，阿赖耶识即此趣生相续一类。前之与后，趣等皆同。若遇他识增上违缘，舍众同分，阿赖耶识即便变异，异旧趣生。此趣生者，旧时相续，今便断灭。余识亦尔。旧续今断，名之为死。"应知此中命根既被害，众同分即灭。众同分断灭，命根即被害。两事齐等，合名为死。此趣死已，更由余业余趣相续生，彼趣命根同分复起。既他识增上转变势力，令他有情死。故知不由外境，杀害事等亦成。

复次颂曰：

弹宅迦等空，云何由仙忿？

意罚为大罪，此复云何成？

论曰：若不许有他识转变增上力故，他有情死，云何世尊为成意罚是大罪故，返问长者邬波离言，汝颇曾闻何因缘故，弹宅迦林，末蹬伽林，羯陵伽林，皆空闲寂？长者白佛言，乔答摩，我闻由仙意愤恚故。

若不许我唯识论义，但由能杀者余识转变增上力故，令被杀者他有情死，定由身语乃成杀业。则应三业之中，身业最重。何故世尊乃说意罚为大罪耶？记云："三业诸罪，现为人天之所呵责，未来当受诸恶苦报，可治罚故，可毁责故，名之为罚。三业校量，意罚最大。佛为成此，返问长者邬波离也。邬波离者，此云近执，亲近于王，执王事也。知世说言，朝廷执事。如阿罗汉，持律上首，亲近太子，执事之人，名邬波离矣。《中阿含经》说，有尼犍子名阇提弗多罗，其有弟子名为长热，往至佛所。佛问长热，师教汝法，三业之中，何罚业重？答云身重，次口，后意。长热返问，瞿昙今说何业最重？佛言，意重，身语乃轻。长热还去，阇提问云，汝至彼所，瞿昙何言？长热具说。阇提赞叹，汝真我子，从我口生，善受我教，所说无异。汝可更往，破瞿昙义。提取将来，作我弟子。长热不从。有大富长者，名邬波离。伏事尼乾，阇提，便往破佛立义。长热报云，此事不可，彼瞿昙者容貌辩才过人无量，兼有幻术能转人心，无量众生为其弟子，宁可降伏？阇提不信，令长者往。长者往已，欲破佛义。遂立义云，我立三罚，身为最重，次口，后心。瞿昙云何说心罚重？世尊于时，在眉绨罗国，国城五日方行一边，佛问长者，若人行杀，几日杀此国人得尽？长者答曰，大能七日，或十日，或一月。复问，仙人起瞋心杀，几日得尽？答曰，一时国人皆尽。又问一百日二百日三百日行于布施，有人一时入八禅定，何者为胜？有人多时持戒，有人一时入无漏观，何者为胜？长者答言，入禅无漏，功德大胜。佛言长者，云何乃说身口罚重，心罚最轻？长者理屈，乞为弟子，乃至得果。自立誓言，我所住处，常拟供养三宝，一切尼乾悉不得入我家。长者得道，后还本家。阇提怪迟，遣人往觅。长者家人不许入舍，阇提不测，自往觅之。长者庄严高座自坐，则安小座以待阇提。阇提见之，法用如此，呵责长者。长者答云，今人非昔人，我今已胜汝，是佛弟子，何得不然？阇提乃云，我令汝取瞿昙作我弟子，彼既不得，今复失汝。我今为汝说一譬喻，遂作喻云，譬如有人须郁婆罗根，取欲食之。令人入池，处处求觅。求觅不得，自拔男根。不得郁婆罗根，又自失根。汝亦如是，求觅瞿昙不得，反更失汝。汝如男根。长者答言，我为汝喻，譬如有人，性甚愚痴，取一黠妇婚姻以后，遂便有娠。妇言儿生，应须戏具，语婿愿觅。时婿觅得一猕猴子，持还与妇。妇语其婿汝须浣染舂，方堪为戏具。婿将雇人，欲浣染舂。也谓其曰，乃可浣洗，云何染舂？此若是衣，可作空事。猕猴不然，其云何作。他为洗之，洗之既讫，置热汁中染。其猕猴皮肉时已烂坏。后取舂之，形相都失，亦复不堪为儿戏具。汝法亦尔，既非净物，惟有浣洗。不可受持，如不可染。不可修行，如不可舂。云何令我受持修学？阇提于是惭耻而去。此指于彼，故言返问。然《婆沙》第二十七，亦有此文。弹宅迦者，真谛云，檀陀柯，此云治罚，治罚罪人处也。今罚罪人，尚置其内。《中阿含》云，是王名也。有摩灯伽妇人，是婆罗门女，极有容貌，婿为仙人，名摩灯伽。于山中坐，妇为其夫营办食送。檀陀柯王，入山游戏，逢见此妇。问

本论

是何人？有人答言，是仙人妇。王云，仙人离欲，何用妇为？遂令提取，将还宫内。仙至食时，望妇不来，心生恚恨。借问余人，余人为说是王将去。仙往王所，殷勤求觅。王不肯还，云汝是仙人，何须蓄妇？仙言我食，索此妇人。王便不还。仙人意愤，语其妇曰，汝一心念我，勿暂舍我，今夜欲令此国土破坏。仙人夜念，时雨大石，王及国人一切皆死，俄顷成山。此妇一心念彼仙人，唯身不死，还就山中。本是弹宅迦王国，今成山林，从本为名，名彼林也。人物皆尽，故名空寂。旧解云诸仙修定，处名空寂。

末蹬伽者，旧云迦陵伽，此云恼逸，仙人之名，旧云王名。有梵本云，钵蹬伽，此翻云蛾，即赴火者。昔有仙人，形甚丑陋，世间斯极，修得五通，山中坐禅。有一淫女，其爱于王，王亦爱之，后触忤王，王遂驱出。淫女入山，见仙丑陋，谓是不祥之人，恐有不祥之事。淫女切念，我今被出是不吉祥，若还此不祥，我应吉祥。乃取粪秽，洗不净汁，令婢送山，浇灌仙人，仙人忍受，不生瞋恨。有婆罗门为仙洗浣。淫女自后，王还宠之。有一国师，亦有衰恼，淫女语曰，以不吉祥还于仙者，必还吉祥。国师依言，以粪汁洗，仙亦忍受。弟子婆罗门，还为洗浣。其后国师，还得吉事。事既皆验，人普知之。王后欲征。国师进谏以不吉祥，与仙人者，必获吉祥。王复遂语山中起屋，恒取粪汁洗灌仙人。征遂得胜。自后若有不称心事，辄以粪汁洗之。仙人不复能忍，心生恚恨，乃雨石下，王人皆死。唯事仙者，得免斯苦。须臾之间，国成山林。此林从本，名末蹬伽。羯陵伽者，此云和雅，如彼鸟名。陵字去声呼也。旧云摩登伽，仙人之名。昔有一人，语此仙曰，汝若有子，当为国师。摩登伽是旃陀罗种。既闻此语，求女于王。王甚诃责，汝非好种，何故求我为婚。仙既数求不得，女意欲适仙处。令母白王，彼虽恶种，犹是仙人，深为可重，我情欲适。王决定不许。女盗往彼，为仙人妻，遂生一子，王既失女，处处寻求，求知仙处。遣旃荼罗缚仙及女相著，掷著恒河水中。仙语恒河神曰，汝莫令我没，若我没者，须臾之间，令水涸渴。河神于是割绳放，令仙还去。仙瞋作念，须臾雨石，王人皆死，国变山林，从本为名，名摩登伽也。此三旧国，今变成林。佛问波离，汝知何缘，此林空寂。乔答摩者，先云瞿昙，此云甘蔗种，或曰炙种，或牛粪种等，如旧所释。佛是此种，号乔答摩。长者答佛，我虽不见，曾闻仙人由如上事，意愤恚故，国变成林，所以空寂。由此所说，仙人意瞋，杀此三国，诸有情类，国变成林，故知由他诸识转变，增上力故，他有情死，非以语亲能杀之。准经但总问仙人意杀，今论乃别言仙杀三国。若执鬼神敬重仙人知嫌为杀，彼有情类，不但由仙意愤恚者，云何引彼成立意罚为大罪性，过于身语？由此应知，但有仙忿，彼有情死，理善成立。

记：彼宗意说，唯意不能成杀业道，令有情死。仙人起欲，鬼神敬重，见仙意瞋，遂为仙杀彼有情类。不唯由仙意瞋力故，有情死也。此下释下半颂，诘意罚为大罪。若鬼神为杀，云何世尊引彼林事，返问长者成立意罚为大罪性过于身语。由于此杀在身语故，非意业罪大。如《俱舍》说三罚业中，自比校者，意罚为大。五无间中，破僧为大。于五偏见，邪见最大。故知意杀无量众生，破过僧罪。破僧罪是虚诳语故。若尔，论说破僧能感无间一劫恶异熟果，此中意杀感果如何？大乘中说，感无量劫受无间果，过于破僧。从初为名，皆名生报。说色业道立五无间，于中重者谓是破僧。破僧不能重过意罚，故说意罚为大罪性。《俱舍》又说：或依大果说破僧重，害多有情说意罚大，断诸善根，说邪见重。依彼宗说即其罪大。后感果时，虽但一劫，倍于破僧受无间等。皆生报故，不可多生感无间果，不同大乘。由此佛说意罚大故，汝应当知，但由仙忿三国众生皆被杀死今变成林，理善成立意罚为重，非由鬼神敬重仙人知嫌为杀。又解，亦即返显自识转变增上缘力他有情死，唯识义成，非是要由缘识外境，亲能杀彼，彼方说死。

总观此论此段释外难者，意显但由意业杀业已成，不必更由身语方成杀业，如仙忿等举国为空，是故当知但惟有识转变增上，令他身死。虽于意杀唯识义成，然于屠人杀牛羊等，手执钢刀亲断彼命，说唯是识，此云何成？为答斯难，犹应显释。洋初至南京内院，亲事本师，欧阳先生修学唯识。诵习之余，继以思择。晨午饭后，辄兴辩诘。师既诲我不倦，洋亦疑无不问。穷思深究，弗明弗措。以故数月所得，胜学十年。洋于杀生一事，数事请问，最后明白，乃通其理。盖山河大地，共业所感，赖耶识变。各一宇宙，光光相网。有情根身，亦互变其依处。是以余之根身，即是余之器界一分所摄，故所为身语，亦互变之。以是为缘，自他相续，乃得互作增上缘，互为损益受用也。自他相杀所以唯识者，盖他有情手足等自亦变之，他所执刀自亦变之，如是他起恶意，动手足时，我于他处所变手足随彼势力亦起动作，他持刀时自所变手亦持自所变刀。同时自之根身处，他亦变有根身依处。故彼乃得以其所变手及刀等，持向彼所变之余根依处而杀断之。自识所变刀亦自向自身行其杀害，因而根身破坏，八识乃舍，而为死也。是故此时杀业，彼能杀者，乃其自识所变身手，持自所变刀向自所变他根依处而行杀害，故能杀之。其受杀者乃其自识所变他身处身手，持自所变刀，向自识变自根依处而行杀害，故尔受杀。二者皆不越各自识变相分色等，自行杀害。由是说名自识转变增上力故，令他有情死耳。唯识之义是以安立。以此意陈诉于师，师为印可。中心踊跃，得无穷乐。此难既通，余尽迎刃解矣。或云若尔，能杀者既自杀身，云何不自感苦？曰，自不变他根识，他身自不执受，但同器界一分损坏，故自不受彼苦。既被杀者还同自杀，云何自杀而不自知？如受暗杀者。曰，他身于己同器界摄，识不生于彼，故不自知。不自知如是，不自主亦尔。若尔，能杀者所杀者皆同自杀，如何建立彼为杀者、此为受杀者，杀业之罪复云何成？曰，杀业之成，成于意乐。此怀毒心，因起杀害，彼由是故而便命终，是以杀者被杀两皆得成，罪业成就。亦如此有势力，由狠毒故，逼令他死。虽他之死，投井，悬梁，服药，剖腹，皆悉自动身手，自杀自害。而能杀者，属他非自。罪业之成，亦属于彼。君王赐死，臣下自尽，即说君已诛臣。人臣逼君，君自饿死，亦名臣下弑君。世事如此，多不胜言。杀害之罪，唯在自心自识负其责任。固不以余识相分，转变差别，故便谓自身不杀彼也。我虽不杀伯仁，伯仁因我而死。佛法重因，因善果善，因恶果苦。故唯识之义成，杀生之罪立。两义不违，宁有乖失？若失羊等实有，不证境实。此同友疏教，义不重申。又或问言，身业之杀，识变相分，大种造色故成相违，意业之杀如仙忿等既不假于手足，云何令彼国土为空？曰，即由意业，转变外风，起石飞沙，令成杀害；或现幻境，伤恼彼心，成极怖畏，因而致死；或即由意断彼命根，神力境界，匪夷所思。然即符咒催眠，疗治疾病，亦随意愿令彼事成。取证不虚，不劳外境也。

　　记：自下大文第七一颂，解释外难不照他心，智识不成失。于中有八，一问，二诘，三难，四释，五征，六解，七逐，八答。

　　若唯有识，诸他心智，知他心不？（外人问也。）设尔何失？（论主返诘。）若不能知，何谓他心智？若能知者，唯识应不成。（外人难也。）

　　上来已遣外境非有，但有诸识。又说诸识展转，互作增上缘，成友教等。但以相分相似非亲缘彼。然而未遣他心智境。云他心智者，谓依于定发起神通，他心智通，能分他心意乐胜劣、烦恼多少等。此他心智既缘他心，而彼他心非自识相。如是即应，取心外境，以他心于自识即成外境故。故此难言，诸他心智知他心不？如云不知，何名他心智？若能知者，唯识应不成也。

　　虽知他心，然不如实。

　　记云：下论主释。由知他心，名他心智。不如实故，可说唯识。论主且约菩萨已下他心智答。所以者何？此他心智，虽缘他心，不能如实称知彼心。以他心为质，大分是同。不亲缘著，与彼少异，名不如实。

　　颂曰：

　　他心智云何，知境不如实，

　　如知自心智，不知如佛境。

　　记：此颂文意有征有解有逐有答。所以者何？他心智云何，知境不如实，此外人征。如知自心智，此论主解，伏意亦有自心智云何知境不如实？外人复逐。第四句颂，不知二字，论主复答。不知者，无知也。由无知故不能自知。总言不知如佛境者，显成二智不如实知。然依梵本，颂不知字，应言无知不知。无知答逐，不知总显二不如实。今此文略，合言不知，义亦含二，至下当知。

　　论曰：诸他心智云何于境不如实知？

记：此外人征，释上半颂。汝前所说若凡若圣诸他心智既缘他心，云何于境不如实知？

　　如自心智。

记：此论主解，释第三句颂。以他心为质而自变缘，名他心智，非能亲取他心等故名他心智。如缘自心诸所有智，亦不亲取，但变而缘，与本质异，名不如实。此自心智说见分者，前后许自变相缘故。非自证等名自心智，彼如实知，无异解故。《导论》云：他心智云何知境不如实者，意取极深所证会处。彼曰，他心若有，许识便伤。他智如无，诚违自教。（答）若他心智缘于外境，如观心外有境为缘，斯难避咎。了境非实，固无愆尤。（外问）如何知境不称其实而得名作他心智耶？此中意言如所证事前境不虚，由此方名是他心智，尔者知于前境既不如实，于此岂得名曰他心？（答）理不如是，未闲本意。虽于他心不缘为境，似彼相状识上现耶？是故离心无境可得。生似彼相，然不如境，斯成本意。立作他心，此中但是令彼似相，由此名为不如实性。虽不同彼，似彼相生。离心无境，已共成故。能知之者随境相生。如知自心智者，二心同时不共聚故，固非现在。决定应许已灭未生，但可得一而为其境，体复是无。但唯自识还缘过现诸心聚法为彰显相，领纳自心。于此事中世咸共许。了他心事，理亦应知。

　　此自心智。云何于境不如实知？

记：此外人逐。

　　由无知故。二智于境各由无知所覆蔽故不知，如佛净智所行不可言境。此二于境不如实知，由似外境虚妄显现故，所取能取分别未断故。

记：此论主答。由菩萨等无始以来，法执所蔽，有此无知（即无明），覆其心境，令知自心亦不如实。故他心智，由法执力，如知自心，亦不如实。如此二智或现行法执俱，无明所覆。或法执种子俱，无明所蔽。故言无知所覆蔽也。覆障所知离言法性，隐蔽自心不称实故。如来净智断法执故，所行真俗谛，依他圆成二种诸境，体性离言，超思议道。名有为等，皆假强名。故佛他心智缘他心时，既称彼境，如实离言，名如实知。菩萨不尔。此二于境不如实知，由有法执，似外境相，虚妄现故。由自身中法执能取所取分别种子，犹未断故。以此二因，二智于境不如实知。

上来随文别释已竟。今复总略显其义者，诸他心智，非实能取他心。以但假于他识诸相，自识展转变相知故。此如《瑜伽师地论·声闻地》中，说修他心差别智通意云：诸得定者，欲知他心差别，应依于定，常加观察，彼彼有情于喜乐时作何相貌，于悲戚时作何相貌。于有贪时作何相貌，于有瞋时作何相貌，乃至一切，数数观察，常加审决，视其容色音声差别行止动作种种不同，由是久已，便能于他容色言音行止动作种种异相，了知彼彼有情自内情识，或喜或忧，或贪或瞋，或智或愚，或复贤善，或有信根，或有胜解，或有定慧，或复证果，或是大乘，或声闻乘，如是种种皆能了知。孔子曰，视其所以，观其所由，察其所安，人焉廋哉？人焉廋哉？故知他心非神奇事。察言观色常人亦能。特在贤圣，依止静定心净而明，则其所知深切著明，虽在魍魉不隐其形，故特说彼，知他心也。如是知他心者，端在诸识互变相分，展转增上，而见其意。譬如他有情喜，由心喜故，彼之根身，便现笑相。以此为缘，余之有情，于彼依处，阿赖耶识，所变身形，亦现笑相。五识及五俱意识，以此为疏所缘缘，复起相分，为亲所缘缘，现笑亦尔。次有意识，于此计度，作是意言，诸余有情现此相时，由于心喜。今此有情现此相故，其心定喜。由是说知，了他心喜，如是见他张目发指，知他心瞋。见他低首甘言，知他心贪。不善问答，知他愚痴。举止磊落，气度轩昂，知为豪杰。言辩迅捷，识见过人，知为智者。温良恭俭，蔼然可亲，知为仁人。仗他变相，自变相分，展转而知，其理亦尔。诸大菩萨，诸佛如来，禅定寂静，朗日当空，虽无色界，众生无色相现，然彼意识自有意相。则虽不假形色，自可以意知意。以他意相，为疏所缘。自意识上，亲相分现。由此亦得，知他心相，如此名为他心智也。故知他心非取外境，故《成唯识论》，作如是言："外色实无，可非内识境，他心实有，宁非自所缘？谁说他心，非自识境？但不说彼是亲所缘。谓识生时，无实作用，非如手等亲执外物，日等舒光亲照外境。但如镜等，似外境现。名了他心，非亲能了。亲所了者，谓自所变。故契经言，无有少法能取少法。但识生时似彼相现，名取彼物。如缘他心，色等亦尔。"基师记云："即自心等，以他实心为增上缘，所取本质。自心别变作相分心，似他本物，说此见分为了他心，名他心智。"

然此论说，二智于境，各由无知所覆蔽故，不知如佛净智所行不可言境。此二于境不如实知，由似外境虚妄显现故，所取能取分别未断故。然则诸佛于他心，便亲取耶？为释此难，基师《述记》，历引多说。最后义言："有义后得智，二分俱有，说此思惟似真如相，不见真实真如性故，乃至广说。又若此智不变似境，离自体法应非所缘，缘色等智，应缘声等。又缘无等，应无所缘缘，彼体非实，无缘用故。《佛地论》中亦作是说，后得智有分别故，所缘境界或离体故，如有漏心似境相现，分明缘照，如是境相同无漏心，无漏种起虽有相似有漏法者，然非有漏，如有漏心似无漏相，非无漏故。《成唯识》中又作是说，现在彼聚心心所法，非此聚识亲所缘缘，他聚摄故，如非所缘。然真如等与能缘心不异不一非他所摄，不可为例。余所引证，如有漏中。由斯教理，若佛非佛诸后得智无漏心者，定有相分，亦有见分。然除佛外余无漏他心智，法执未断。有漏此智，虚妄现故。不知如佛净智所行，不可言境，与佛无漏他心智异。佛他心智虽变为境，亲似他心，名为如实。以无执故，知性离言。余他心智，亦变为境，未断执故，疏似他心，名不如实。以有执故，不知诸法体性离言，故说有异。此中通说，除佛以外诸他心智说不如实，非佛此智亲能照了他心等故名为如实。《成唯识》说，谁说他心非自识境，但不说彼是亲所缘。故佛亦变。若说佛心亲能了者，便与上说理教相违。故佛之心，亦名唯识。"如是解释最为当理。能通论文所有疑滞。余多要义，此不具引。

上来初立论宗唯识无境，及破外小七番疑执。大文已竟。以下结已所造，叹深推佛。

唯识理趣，无边抉择，品类差别，难度甚深。非佛谁能，具广抉择。颂曰：

我已随自能，略成唯识义。

此中一切种，难思佛所行。

论曰：唯识理趣品类无边，我随自能已略成立。不余一切种非所思议，超诸寻思所行境故。如是理趣，论唯佛所行。诸佛世尊于一切境，及一切种，智无碍故。

　　菩萨造论，依于正理及诸圣言。虽已甚深，不谓尽理。故仰推佛，乃穷其趣。已是地前，未实证故。不思议境，唯佛行故。佛具一切境，一切种智故。如斯推度，非但宏量谦冲，抑实真实无伪。我今已疏《二十唯识论》竟。陈义弗善，是我孤陋。苟当正理，皆由圣教。窥基法师《述记》是此疏所本，护法菩萨《导论》，此亦参寻。唯译文艰深，未全达旨。友人丘晞运居士，作有《二十唯识顺释论略注》，较便诵习，诸有志者，幸详参之。

　　1937 年 7 月，应华岩寺主钟镜和尚请，疏于华岩佛学院，龟山白衣王恩洋志。

成唯识宝生论略注

护法菩萨造

唐三藏法师义净奉制译

菩萨戒优婆塞周演济略注

卷第一

△于此论文，总有三分：一序分，二正宗分，三流通分。初序分中，敬赞如来，凡有三偈，文复为三。初赞恩德，次赞断德，后赞智德，各有一偈也。

> 有情恒为众苦逼，炽然猛火烧内心。
> 善士意乐起慈悲，譬如自身皆自受。
> 敬礼善慧诸佛种，于众烦恼皆除灭。
> 与无依者作归依，能令极怖心安隐。
> 微笑降伏大魔军，明智觉了除众欲。
> 于此大乘能善住，深识爱源唯自心。

△窥基大师曰：由此于中文总有二，初正辨本宗破计释难，后结己所造叹深推佛。

就初分中，大文有二，初立论宗，大乘三界唯识无境；后即于此义有设难言下，释外所征，广破异执。就立宗中，文有其四：初立论宗诸法唯识，二显由经说以经为证，三释外伏难简择唯言，四明唯识义举喻以显。今初。

安立大乘三界唯识。

△释初分中有二：初标，后释。今初。

> 谓依大乘成立三界但唯是识。

△后释中有二：初释大乘，二释唯识。初中复二：初正释，二

引证。今初。

此复何意辄名大乘？本契弘心，坚持禁戒，遍诸生品，拔济有情普令出离，获得难胜无罪之行，极妙吉祥，是诸善逝，去而随去，无边大路，并所获果，圆满尊极，余不能知，由此义故，名为大乘。

初句征也。本契弘心者，境大也；坚持禁戒者，行大也；遍诸生品等者，智大也；获得等者，精进大也；极妙吉祥等者，方便善巧大也；并所获果等者，证得大及果大也。见《杂集论》。由此义故等者，结也。

△二引证。

如经所说，言大乘者，谓是菩提萨埵所行之路及佛胜果。

菩提萨埵所行之路，谓前五种大性；佛胜果，即后二种大性。

△二释唯识中有五：初明观法，二明观益，三明境无，四明利害，五明真妄。今初。

为得此故，修唯识观，是无过失方便正路。为此类故显彼方便，于诸经中种种行相而广宣说，如地水火风并所持物，品类难悉，方处无边，由此审知自心相现，遂于诸处舍其外相，远离欣戚。

△二明观益中有二：初离凡小益，二成大事益。

复观有海喧静无差，弃彼小途绝大乘望，及于诸有耽著之类，观若险崖，深生怖畏，正趣中道。

弃彼小途绝大乘望，谓弃彼绝大乘望之小途，即离小乘道；弃彼诸有耽著之类，即是离凡夫道。

△二成大事益有三：一正明，二反显，三重申。今初。

若知但是自心所作，无边资粮易为积集，不待多时，如少用功，能成大事，善逝行处，犹若掌中。由斯理故，所有愿求当能圆满随意而转。

△二反显复二：初纵许有境，但修唯识能多利益；二不知唯

心，菩提极果永不得成。今初。

纵如所许有其外事，然由内心意乐殷重弘誓力故，能到无边六度之岸。

△二不知唯心，菩提极果永不得成。

若异此者，所舍之物尽持行施，及所遗生，何能总遍，令其欢喜惬顺求心？此即便成无边际境，所为施事无有竟期。

所舍之物尽持行施，谓外财施也；及所遗生，谓身命布施，即内财施也。

△三重申。

又复所有广为利益有情戒等，于诸无障有情之类，随彼乐欲悉能称意，赴彼希望正行施等，速便收集正觉资粮。

△三明境无有二：初正明，二例显。今初。

由斯但自心，复何须外境？若许外事，复与正理，义有相违。故知境无，斯成胜妙。

△二例显。

如仗自心妄生分别，作色等解，起身见等，无实不待外诸有情而作所缘，因生离染，然于施等各随其事而能获果，实不假借识外境事。

如仗自心乃至起身见等者，凡夫分别虚妄也；无实乃至因生离染者，小乘所缘无实也。由此例显大乘修行亦实不藉外境。

△四明利害有二：初正明，二释妨。初中有四：一凡夫执境之害，二小乘执境之害，三大乘执境之害，四大乘唯识之利。今初。

若其识外有别境者，遂便依彼起诸烦恼，既被执取随转而住。

遂便依彼起诸烦恼者，明执也；既被执取随转而住者，显过也。

△二小乘执境之害。

见此过已，心舍离生，深怀厌弃，不怖大觉。既舍有情界，如何欲弘益？由非摄取诸有生类，小心自度，大行难成。

见此过者，见彼凡夫起诸烦恼等过也。见此过已乃至不怖大觉者，明执也；既舍有情界乃至大行难成者，显过也。

△三大乘执境之害。

然诸觉情依斯而转，方能长养菩提资粮，谓于客尘有为之事厌背心故，证无为法；由无为法体不生长故，希余小寂，偏证一边，无上觉山遂便沦退。

然诸觉情乃至证无为法者，明执也；由无为法乃至遂便沦退者，显过也。觉情者即是菩提萨埵。以不知一切有为法，唯自心现故，厌背有为，希证无为，是故偏证一边，谓但著于空，不能空有双运，正趣中道。

△四大乘唯识之利。

若无外境，爱厌俱亡，正觉之处，斯成易得。

△二释妨有二：初责，二释。今初。

岂非大悲常存于念，菩提萨埵极果方成，唯识之言，便为违害！然而大悲要托他身为缘性故，既除外境，但缘自识，此则便成怜自身故。利他为意，大行方竖，唯顾己身，实乖弘度。

岂非大悲乃至便为违害者，标宗以责也。然而大悲乃至实乖弘度者，述因相难也。

△二释有四：初缘自识相起大悲心，二共许无我而兴悲念，三情执虚妄，四定无外境。今初。

虽陈雅责，因斯无过，借外相续为增上缘，于自识中现有情相，缘此为境起大悲心，于有情处而作弘益。此无相违，决定如是，应起信心。

△二共许无我而兴悲念。

假令于彼色声等处一一推求，彼无其我，设使和集，我亦不成。然而本性不可舍故，既同所许无我为宗，当于何处欲兴悲念？

△三情执虚妄。

于世共许当情妄执，为所缘相以为有情，亦不应言情所执事即是外境。

四定无外境。

由此应知，假令不乐，理必许然。但于自识，现有情相，依仗斯事，色相生焉。是故定知无其外境。

△五明真妄，初明妄，二明真。今初。

若离于识，必不可得，是颠倒故。何谓颠倒？本无外境，见为实物。非妄执故，终能获得无上之处。

△二明真。

可为应理唯识之见，是真实故。为彼方便，深成称理。

△自下大文立论宗中第二显由经说。

以契经说，三界唯心。

△释此分中有二：初标，后释。今初。

如何得知斯为实见，三界唯心是诠说故。

△释中有四：一述教理二门，二释引经所以，三解阿笈摩名，四辨三界道理。初中复三：初标列二门，二具明互用，三明理必依教。今初。

凡有诤事欲求决定，须借二门：一顺阿笈摩，二符正理。

△二具明互用。

谓欲为彼信证圣人无倒宣说，所有传教，引阿笈摩；若为此余不信之者，应申正理。或可为彼二人俱陈两事。如所信事令安住故，陈其正理；又为显其所论正理有依仗处，说阿笈摩。

△三明理必依教。

由其正理不依传教，未见真者，所有言说，无非谬故，名强思构。是故应知阿笈摩者，便成正理所托之处。

△二释引经所以有三：初总释，二据义释，三据文释。今初。

或于自部有力用故，为此先陈阿笈摩教。

△二据义释。

尔来据义依大乘说，即第七声。目其所为，谓欲证得彼大乘理，说唯识观，是真实故。此不虚性，以阿笈摩善成立故。

据义释者，谓训依作为。言大乘者，乃指大乘之理，即是为彼大乘理故，说唯识也。尔来据义乃至是真实故者，明以大乘理为自部也。此不虚性以阿笈摩善成立故者，明引经力用也。第七声者，即八啭声中第七声也。

△三据文释。

又若唯据言说大乘，犹如于义假名乘者；依第七声所说声也。谓即依托大乘言教聚集之处，真实句义而成立之，但唯是识。为欲明其所立宗义，于大乘教而引一隅，显所立宗不于自教有相违背。

据文释者，谓训依作于。言大乘者乃指大乘教言，即是据大乘教立唯识宗也。又若唯据言说乃至但唯是识者，明以大乘教为自部也。为欲明其所立乃至有相违背者，明引经力用也。

△三解阿笈摩名，有二：初问，后答。今初。

此复何故名阿笈摩，辄自引证说斯言耶？

△后答有二：初明根本义，后明假借义。今初。

谓从能说如理教者，假彼相续为增上缘，此教方生，于其听者识之差别，体有功能现前而住，或是亲闻，或复传说，于所诠事当情相状次第而生，犹如笔画，章句形段晌然明现，从他来故，名阿笈摩。

△二后明假借义。

若复有时自生忆念，随顺本相识方生者，从彼生故得阿笈摩名。犹如自说名为佛语，德者义相为智因故，名智资粮。

△四辨三界道理有二：初关责，后诠释。今初。

岂非一切但唯有识，此违所许故，及自语相违，

△后诠释。

理固不然。非由于色有别异故，依识差别而为建立。如无色界所有差别，如无色界实无其色，但依于识分为四种，立空处等，余界亦然，设复说三，于识何妨。犹若有情虽无差别，然而安立欲色界殊，据其所系色差别故，色虽无异，别立无过。

非由于色乃至于识何妨者，举无色四处无色唯识喻，释违所许难也。犹若有情乃至别立无过者，举欲色界有情无异喻，释自语相违难也。自语相违者，既言一切，不得复言唯也。

△自下大文立论宗中第三释外伏难，简择唯言，于中有二：初释伏难，解识字；后释唯言。今初。

心意识了，名之差别。

△释此分中有二：初释自教相违难，后释四名重迭难。初复有二。先征难，后释妨。今初。

岂不诠教，言唯有心！今此立宗言唯有识，说违本教，谅在凭虚。

△后释妨。

义有所归，诚无斯过，由其先许心意识了是名差别。

△后释四名重迭难。

由同体事，名不俱陈，故以异名而宣其义。即此唯了之言，非众共许，欲今解义，取共知声，更陈余号。复更显与经不相违，重说意识二声。况彼二义知体不别，即是其果。若欲要明不违经者，心了二声同其一义，明不

违教。释妨已周，何须更说意与识耶？

谓说心意识了四名重迭者，第一欲以异名宣义，第二欲显与经不违，非只为明不违教也。况彼二义知体不别者，谓以共许意识同体之声，比况心了二义相同也。

△后简择唯言。

此中说心，意兼心所，唯遮外境，不遣相应。

△释此分中，有五。复各有二：先难，后答。初心所别体同遮难，有二，先难后答。今初。

若说了声心异名者，心望心所是别有体，犹如于境同生之类，念昔睡等，便成是无，此则前理相违背。

于境同生之类，谓诸心所有法，念昔即念心所，睡即睡心所，由此二法证彼心所定别有体。今言唯心遮心所，则此等法便应是无。

△后释。

实无此过，有所由故。此中心言许有相应，即是了言兼摄于彼。

△二心聚缘境取遮难有二：先难，后释。今初。

若如是者，识外之境心意诠故，于其心处更置唯声，意有取遮以为其界。境若无者，遂成无用。

识外之境心意诠故者，谓物不自知，由心故知，故言唯心，以显知界。若总无境，唯声何用？

△后释。

唯声不遮，可如来责。现遮所缘境，如何言无用？

唯声正表无境，非为取遮心界。

△三遮境而许心所难，有二：先难，后释。

若由斯解，由同生法及所缘境，俱是离心别有其体，一便遮止，一乃见留，岂得事无由绪而空谈自爱！

△后释。

若无别意，诚如所诘。然由于境心聚共缘，决断等事同类性故，于心所处假说心声，复为遮其非所许事，故于心处更置唯声。

△四一处不诠二法难，有二：先难，后释。初复有二：初正立难，后立异宗。初中有四：一举牛声喻，二依俗论例，三引经说证，四借教论譬。今初。

纵有所谈，此还非理。便成亦是不取心言，非一处显真假二事，俱能彰显有力用故。如牛等声，于心所处，置此心言，说心声时，真事便舍。如于边鄙，假说为牛，垂胡等事，理定应弃。

△二依俗论例。

有言本意二事俱说，亦应更作一种声用表斯义。或可摄声撮略而显，依俗论法，犹如欲声而为辩释，非唯自意能为巧释，无其绪系生决定耶。

欲者梵云啰伽，有红色义、情爱义，彼土诗人恒用以言吟咏花草，兼寓情好。

△三引经说证。

亦复不由有染等言，苏咀啰中有染等说，于其遮遣无有力用，于彼亦有有境言故，境亦不遮，所说唯声，便成无用。

△四借教论譬。

若言外境非理须遮，无阿笈摩、摩咀啰声二处同故，随遮一事无决定因。

阿笈摩者，此翻云教，又云传，谓展转传说故，古云法归，谓万法之归趣也。摩咀啰者，亦作摩咀理迦，此云本母，谓生理之母；又云行母，谓行法之母，即是论也。论属于教，虽不相离，然于遮遣力用。以二名同说，不能决定属于何者也。

△后立异宗。

是故须依异宗之见，心心所法体不相离，但位有别，即此唯声能遮外事，同生之法元不遮故。

△后释。

凡总相声所有诠名，于其自事必不差别，非为决定而并现前。由其不遮，理便总摄。为欲述晓如是道理，故说心言许有相应，若离心所，独心非有，故不应难，亦遮同遮。作是释时，唯遮外境，实有功能。述己义成，故说唯言。以理准余，但遮境事，岂非所引！

△五识声不摄心所难，有二：初难，后释。初中有九：初识蕴不兼余蕴难，二想等非是识分难，三若立色差色非心位难，四若立位差便拨识聚难，五心位之外有色位难，六若立位差五蕴杂乱难，七识总余别亦成杂乱难，八唯识不能遮境心所难，九心所别体与心更互难。今初。

有此中言，明知于余有除心所复是容有，如六识身名为识聚。若言此中说识蕴时，兼摄心所，理定不然，想受及思诸心所法余蕴无故。

△二想等非是识分难。

若言犹如于色蕴者，由如取其刹那分立为色蕴，想等同然，非相似故。

刹那者此云识，谓若言犹如色蕴，虽非识蕴所摄，而是识之相分，想等亦然。同是识之分者，理实不然，以想等与色不相似故。

△三若立色差色非心位难。

若言许取由色差别，便以识声说其识蕴，非色等法是心位差，犹如于想。

若谓建立五蕴，全由色之差别，理亦不然，以想受等是心位差，色声等法非心位差故。

△四若立位差便拨识聚难。

若以位差简有差时，随其色类为简别已，以色等声于识而立，此亦非理。斯乃便成拨其识聚，由彼被斯色受等声割其分故，非位差外别可得故。

若谓建立五蕴全由心位差别，犹如受想时，若识若色总名为受想时，若识若色总名为想。既简别已，若识若色总名为色，如此便无识蕴。以既分割为色受想等，此外无所有故。

△五心位之外有色位难。

离忛咭那位差之外，别有色位，犹如乐等所现相状，忧悉苦恼。于斯相处，安置识声，随牛犊理。若如是者，识六识身为其识蕴，义乃相违。

△六若立位差五蕴杂乱难。

眼等诸识色等相现故，由其并是色聚所收，复更有余杂乱之过。若其青等相现之时，或违或顺，色行二蕴便成杂乱，如是复成于乐等位，受等相杂。

眼等诸识乃至色聚所收是色识相杂，复更乃至杂乱，谓色行相杂，如是乃至受等相杂，谓色受相杂。

△七识总余别亦成杂乱难。

准斯道理，亦是破其总别之义。有说识能遍故，是总相声，犹如初相，此之别相谓是色等，彼乃是其现相位差之因性故，此亦如前受等便有杂乱之过。

谓识为初相，故名总相。色等乃是现相位差，故名别相也。

△八唯识不能遮境心所难。

是故除其心所性言，犹如成立所有色聚。唯心之声，表唯识耳。此亦不能于其心所及以所缘，今疑断绝，言唯字者，有何所遮？

△九心所别体与心更互难。

虽言心所不离于心，此成虚言，由其相状体各别故。所言识者，唯观现境杂染等性，但是爱著，体非照察，如何能见？此即于彼体成殊别，及以更互。

识之照察，由心所力，是故二者体定别异。

△后释。

上来所述道理既多，然于本宗未为的要。且息傍论，应辩正宗。心及心所设令体别，以其心字亦得相收，应知此义共成已久。若于其处诸心所法，不以自名而显说者，应知此中即是总目所有心聚，如调心等，但道其心，此谓共成，故知唯声，但遮其境。

△自下大文立论宗中。第四明唯识义举喻以成。

内识生时似外境现，如有眩翳，见发绳等，此中都无少分实义。

△释此分中总有两重难释，初略后广。初中初略，难后略释。今初。

若无境者，如何于青及甜味等而了别之，由理不能拨现见故。

△后略释。

谁言拨其现见之境，但于自识境相生焉，由自识相领受之时，遂即计执所有青等如外而住，但为是其邪妄之解，犹如眩目见发绳等。

△后广难释中，先广难，后广释。难中有二：初若无外境识何别生难，后要有本相可得言似难。今初。

斯乃但是识之相别，现其绳相，即便妄执为有绳耶？然而在外曾无绳等自性可得，如何作境令识别生？此若无境，如何得云识似于彼相状生耶？

令识别生者，谓于自识差别相生也。

△后要有本相可得言似难。

要有本相，似彼相生，可于此时得言似彼。如斯之事，世皆共许。如于阳焰，谓言似水，非无其境亦能见故。

△后广释中有六：初有情无实唯想，二众事覆俗故有，三常倒唯识无境，四似相乃是倒情，五我倒依身见生，六述成唯识无境。今初。

如于萨埵有觉相生，而非离于色等体外别有萨埵实事可得，亦非色等或总或别有其自性，变坏等性而简别故，于心实事亦复不能舍其本性。

见萨埵时，非五蕴外别有萨埵，彼五蕴者亦无自性，而见者识中有萨埵相。变坏等性而简别故者，谓色以变坏为性，受以领纳为性，想以取相为性，行以造作为性，识以了别为性。五蕴本无自体，但随其性而简别耳。

△二众事覆俗故有。

或可萨埵是覆俗有，如斯道理，我亦同然。于色等处，谓从于识生差别性，是覆俗故，如依色处，执为车等。然而但由情所计执，于其色等覆障实性，于众缘处作自相状而安置之，如在于外，即于是处见车等故。未审覆俗是何义耶？是覆障义，顺俗情故，由彼于其车乘等处计执自性，是覆俗有，覆其实体生余执故。故彼妄情施设其相，先于斯事而执取之，虽无实相，妄生境想。

△三常倒唯识无境。

又如常等情所现相，何有本相而随顺之，是故虽无识外实境，识所现相，其理善成。

常等情所现相者，谓凡夫无常计常，苦计为乐，空计为实，无我计我，四颠倒也。

△四似相乃是倒情。

或可此中言似相者，乃是随顺颠倒事义。如阳焰处，翻作水解，便作水想，识亦于其色等相处，生起倒情，故言现相。此不相违。有说其颠倒境，亦依实事方始生心，此亦同前悉皆征责。

△五我倒依身见生。

复有外律作斯异执，离色等外别有我体。此复依何而生于倒？经云依内，此亦无违。谓于俱生所起身见密而说故，故云于我正可用心当见现见。如其亲近恶友等人，即云于我故作是说。然彼凡小妄生其识，遂起颠倒为外境相。

于我正可用心当见现者，谓依于身见正用心时，即便执取见外境相。言如其亲近乃至故作是说者，谓彼恶友不解如来密意，执我为实也。然彼凡小乃至为外境相，即是释上于我正可用心，当见现见之义也。

△六述成唯识无境。

或可随顺他共成事而为言说，即如世间所共许事，将为境者，即于其事唯识生起。是故由斯似境相故，缘色等识不取外境，如眩翳人见发绳等，此外境空，但唯有识，是其宗义。

他共成事即是境也，谓若假借境声而言说者，此境即是唯识生起也。

上来总辨初立论宗，唯识无境。

△窥基大师云：自下第二释外所征，广破外执。于二十颂中大文有七：此下第一有十四颂，小乘外道四事难，议境无征实境执；二诸法由量刊定有无，下有一颂半，释小乘等以现量征境有，返破忆持执；三若如梦中虽无实境，下有半颂，释小乘外道以梦例觉时，应知境无失；四若诸有情由自相续，下有半颂，复释外难二识成决定外境非无失；五若如梦中境虽无实下，次有半

颂，复解外难梦觉心无异造，行果差失；六若唯有识无身语等下，次有二颂，又释外难无境杀等无返诘他宗失；七若唯有识诸他心智下，次有一颂，又释外难不照他心智识不成失。○就第一中，文复有四：初有一颂，小乘外道四事难，境无证知非唯识；第二非皆不或下，次有五颂释四难非理，故知是唯识；第三此教非因下，次有三颂释有情法二无我教，引教难不成，故知唯有识；第四复云何知佛依如是下，次有五颂返破外人外境非实有，故知唯有识。

　　△释初分中有四：初立二难责翳喻，二立四难责境无，三广征余部异执，四申翳喻成识理。今初。

　　　　即于此义有设难言：

　　　即由此义而为难曰，此喻不成，于光明分妄生发想，斯由其眼根亏力故，有说有别大种生而可见，遂令情执为其发等。

　　△二立四难责境无有二：初略颂，二广难，三总结。今初。

　　　颂曰：

　　　　若识无实境，即处时决定。

　　　　相续不决定，作用不应成。

　　相续者即有情异名也。

　　△自下广难，于中有二：初牒大乘义别为四难，后牒大乘义总为四难。初中亦二：初牒大乘义，后正申难。今初。

　　　　若离识实有色等外法，色等识生，不缘色等。

　　此牒大乘义云，若许离识实有分色等法，但是识生，不由缘于外色等者。

　　△自下正申难有三：初总难处时定不成，二难相续不定不

成，三难作用不成。今初。

何因此识有处得生非一切处，何故此处有时
识起非一切时？

△释此分中有三：初立境有识缘境生，二难不由外境生识，三
出宗过自宗相违。今初。

如其所有色等诸境离识别有，即于色等定其方所，所现形量分局之
处，其识于彼形量决断，方隅决定，似彼相生，斯成应理。

△二难不由外境生识。

若如所许不由外境，但唯内识起妄所执色相生者，于余无处，如何不
随形量决定处时现识相耶？随于方处见其处定，如随处有，非一切处，境
既无定，即于余处亦应可见，或不可见。然彼所立不取其外境生识，于
非有境所生之觉，曾无决定处时可得有其实事，说境空故，决定时处所现
之相便成非有，然不如是，此既无定，见色等心与彼乃是不相离性，是故
不应执境空无。

言若如所许乃至或不可见者，难处定不成。言境既无定者，谓
境之或有或无，于识之生起无关也。然彼所立乃至然不如是者，难
现相不成。境若空者，便不应有决定时处所现之相，而实不然，故
知境无，是不定过。由此证知，见色之心与色是不相离性也。

△三出宗过自宗相违。

既无重执有有分者，此显立宗有相违过。

此难前牒大乘义中若许离识实有色等也，重执者谓许缘境生
识，不取外境生识，故云无重执。既云识生不由外境，不许离识
实有色等外法，便与一切唯识之宗相违也。

△二难相续不定不成。

同一时处，有多相续，何不决定随一识
生？如眩翳人见发绳等，非无眩翳有此识生。

若言其喻有成理者，身不定属理有相违，相应时处和会共观，不偏属
一，咸窥斯境，此不应理，许境无故。此既境无，或复异类。言异类者，见
异相时，此是根坏为其缘故。如眩翳人，亦不应有诸能观者咸皆患翳。然
于时处现相应者，于诸身处不定而生，并于色等能见识生，准此应知外境
无故。于所量事，在不定身，不见生故。此则同前难斥宗过。

△三难作用不成。

复有何因诸眩翳者所见发等无发等用，梦中
所得饮食刀杖毒药衣等无饮等用，寻香城等无城
等用，余发等物其用非无。

又诸事用亦不应理，诸实发等现见能为磨镜等用，何不用此识之发
相？虽无真实事而作用转生，此此非理，无功能故。若其识分有功能者，眩
目所窥何无发用？此之同有似发相故，斯亦同前所量之境作用功能不可见
故。出其宗过三喻为依三事不同于不实境，而作三喻由依根境功能差别，应
知根有二种：一是色根，二非色根。即此初根由暗损故，妄见其事，故为
初喻；次第二根，于彼梦中见有差别，述第二喻；由其彼境有功力故，能
生倒见，引第三喻。此则是其一家异释。

△自下广难中，第二牒大乘义。总为四难有二：初牒大乘
义，后总为四难。今初。

若实同五色等外境，唯有内识似外境生。

谓牒大乘无境许识起也。八后总为四难。

定处，定时，不定相续，有作用物，皆不应成。

△释此分中有三：初总难处时决定不成，二别难相续不定不

成，三别难作用不成。今初。

有余复言，处时决定，故缘色等心是依托，非内现事而为其境，犹如缘彼章句之心。然于心内，据最初起随现有事而执取故。又且诸觉容有定时，然而于心，如何定处？非无方处？物有方处定及不定，故此据境上所有法，于其心处而假说之，斯亦无过。此处能作现相事故，说为定处。凡由彼事心得生者，即名为境。此谓成立别有外境。

△二别难相续不定不成。

取共许者将以为喻，于其相应时处住者，咸共生其无异相故。缘色等心以外一事而为其因，如同学类依教者心，依增上识此得生起，随其自相作用生故。故知离识别有色等。

△三别难作用不成。

此不应有，更应成立无发等用。彼相之觉犹如梦觉，是觉性故。

△三总结。

上来所述众多成立相违道理，意欲障他不定之过。

△三广征余部异执有三：初相符因难，二相违因难，三但遮遣难。初复有三：初时处有实时处决定不成，二于识所现时处决定不应成，三时处差别时处决定不应成。初中有二：初难，后释。今初。

有余复言，谓即于斯时处二种有其实义，即于此处时处决定应成非有。仁既不许有其境事，依彼差别亦不许故。

△后释。

何劳为他作便成过，此若非有便即相符，如贼被捉，唱疮痛言，强作前宗，诚为粗浅，不应理故。

△二唯识所现时处决定不应成有二：初难，后释。今初。

若言于识所现相状为所许者。

△后释。

不应道理，虽呈雅思，不异前释。

三时处差别时处决定不应成有二：初难，后释。今初。

或复随于时处差别所有之事，即于此处见其时处许为决定。

△后释。

纵于所许有实外境，然而色等永为定者，此亦非理，异时异处有时见故。设令于此常时见有，然他不许，如何于他不共许境，此之能别决定道理可遣许耶？故但于识而现其相。

△**二相违因难有二：初难，后释。今初。**

复有别作相违，因难而为诘责，犹如成立境是空无，我还成立时处决定，今非有故。

△后释。

若其时处是共许者，便成共许而遣遣之。由其无违，方可得作相违之言。若言不是众所共许，斯乃全无，我所不爱。由斯理故，成无力难。

△**三但遣遣难有二：初难，后释。今初。**

复有自许但用遣遣，于无境处，缘空之识无定时处故，彼之决定于色等处共见有故，成立外境是其实有。

△后释。

此亦应知离彼随成，但有遣遣，不应理故。但用此一，不能令他生其正解，斯非真实。

△**四申翳喻成识理有二：初释于光明分妄生发想难，后释有别大种生而可见难。初中有二：初牒，后释。今初。**

且如前宗所立之义，由底蜜捞之所损故，于眼睛上有其疏膜，如罗纲目，外观白色，于彼隙中明相斯显，便生妄解将为发等。即此之喻，于其所立随成理阙。

△后释有二：初光无异相释，后因非所缘释。今初。

今应问彼，若光明相发等形状，此不应理。此光明相有见为黄，或见为赤，然于发等见为纯黑，或见众彩如铄羯罗弓等。然其明目总能见者，于彼光边不观异相。如事见之，能作斯语，在隙光处倒为发解。此即便成，见发等心境空无性，光明支分非发相性故，及此似发等相现故。

△后因非缘难。

非但为因能为生者，遂令作其所缘性故。勿令缘其色等诸识，便成缘彼眼等诸根，因义同故。或可更有如斯别意，托实事因方生颠倒，余则不尔。斯言是实，此亦便依在内安布种子成就，不待外境。凡论境者，要须自相安布在心，然后方得成所缘性。其光明分起不关心，如何得作所缘之性？此亦未堪发生欢悦。

△后释有别大种生而可见难有二：先牒，后释。今初。

次有计云，其患目人大种失度，睛生翳眩损其眼分，由彼损力便生异相，今于外境别大种生，依损根识便能见彼，是故定知袛蜜梨迦所有觉慧，缘实外境。

△后释有三：初无颠倒释，二无命碍释，三非质碍释。今初。

如斯计者有大过失，凡邪倒事所起觉心皆来设难，于乐等倒托诠为缘，而生是相作其境也。虽无外境然有妄见，此则颠倒便成非有。若言世俗不共许事，我即将此以为邪倒，还有大过。若空等见缘萨帝时是彼类故，此则不劳功力能见非倒，诸具缚者咸皆悟真。如来出世宣扬正法，此即便成空无果利。何处得有如是定判，偏令翳目独受迷邪？

△二无命碍释。

又复于彼情有相状，见其有情飞行住还，今诸觉者观其摇飏。此诸萨埵许大种生，何不计命？设复百千群翳同聚，遂于一处各观别形，此时如何有对碍物，而不更相共为排摈？若言此亦由其翳力，则底蜜捋多用其功，于所学门喜修幻术，能令诸法自性迁移。

△三非质碍释。

或应见许彼非质碍，非质碍故，如无贪等，便非色性，斯乃何殊唯识论者，又复何劳非处呈力？彼许大种于其斯乃何殊唯识论者，又复何劳非处呈力？彼许大种于其一一非青等性，但由种合因缘力故，眼等诸识缘彼相生，此本宗义，凡是聚合，非实有物，即此之识缘非实物。不劳深构，无违诤故，讵烦辛苦而为成立！

卷第二

△窥基大师曰：自下第二释四难非理，故知是唯识。于中有二：初总答不成，后别显不成。今初。

非皆不成。

△自下别显不成有二：初有二颂答非不成，后何缘不许下。复有三颂破外救义，初中复二：初有一颂答别难不成，后有一颂答总难不成。初又有二：初总颂，后长行。今初。

颂曰：

处时定如梦，身不定如鬼，

同见脓河等，如梦损有用。

△后长行文中有三：初以如梦喻合解处时二难，二以如鬼喻解相续难，三以如鬼喻解作用续。今初。

论曰：如梦，意说如梦所见，谓如梦中虽无实境，而或有处见有村园男女等物，非一切处；即于是处或时见有彼村园等，非一切时，由此虽无离识实境，而处时定非不得成。

△释此分中有三：初牒本文，二显正意，三释妨难。今初。

复言处时定如梦者，谓如诸觉，虽无其境，共许有定。若时决定，而有方处见村园等，复有定时现前可得，然非彼有。

诸觉者谓诸梦觉也。

△二显正意。

斯言为显虽有决定时处之觉，而无境故，彼于他成因无用故。即彼因云，诸无境者，便成时处不决定故。由斯道理，既有其定，故知所言，彼之决定非显有言，欲令成彼境无非有不应道理，此即全无宗之过也。又成立时能有功能，有功能说，所立既无，能立非有，能遍无故，所遍亦无。方能与他出其宗过，犹如于称其重故，无别有分。此既共计，说无重故，便舍别物，然非于此翻彼便成，时处定故能得成立，今境是有随成故。犹如耳识所听闻性，不能成立声是其常，虽无不闻性，然不遮无常。他所成立外境是有，今欲显其是不定因，纵非外事，于情亦复见其时处有决定义。

全无宗之过者，宗遍非有也。以境无故，今云境无非有，故遍无也。

△三释妨难有四：一梦解由心惑乱，二梦中无实决定，三梦心以念为境，四梦有实事生起。初中复二：初难，后释。今初。

有说由心惑乱，遂乃便生时处定解，然于梦中无其实境决定可得，故世共许，如何将此比余定事为作过耶？若此梦想欲同觉者，理应梦心便是错解。

△后释。

斯则但是判在自应而为嚼咽，实不能知他之本意，非是他不许事，于此更令置其差别，而难于他，成正理故。此已于前善为通讫，由此所有时处定心外境非有，不应致难，心带相生何不合理？

△二梦中无实决定有二：初难，后释。今初。

又向所说，应言惑乱为定解者，许离识外无定时处，曾无非假，遂令简彼。安能别言，望所余事斯为应理？然许如斯色类咸非外境，何须非处令安能别为出其过？尔者于彼梦中实亦无其处时决定相状在心，由何得知，如有颂言：

若眠于夜里，见日北方生，

参差梦时处，如何有定心？

△后释。

此但不委前后所述，朋党旨趣，空爱巧词。由于时处不许，但言唯于此处，故不应诘处时决定，于他所许不相应故。如前已述。

△三梦心以念为境有二：初难，后释。今初。

复有立言梦心有境，是其念故，准知处等是其决定，此即缘彼曾境起故。于其梦中多有所见，设在空中见其流水，或于宏海都大火然，此亦是其昔时曾见若水若空若炎若海，各于别处观斯事物。梦中起念，为一处解执为空河。若不尔者，应许生盲忆青等故，若不许此于其梦中是忆念者，生盲之人就忆青蒨，凡为忆念是曾受故。此辈于青不能生想，应成道理。又复梦中自观斩首，此亦是念合其余事而有功能，如何陈说。或中有位亲见自身被他斫截，观彼前身作自心解。曾受而舍，今持尚忆，此固无违。

△后释有三：初梦唯倒想，二梦觉明白，三梦境非有。今初。

岂不如先所经之物名为忆念，彼便梦中生其异见，非同昔时所观之物，非不定故，非唯一向曾所领事生忆念耶？即如多年曾所学业，所有书疏，后起忆时，或倒次第，或复增言，或于其文而有忘失，若尔，此之忆念便成非有，忆念之境遂是空无。非余实物别事相属，于其决定实事想心而为施设。如于马首曾不观角，然于忆时见其境事，如曾领受为自解相，于其念处生其异解，不缘外境。然于梦中见马有角如牛角者，准此应知于寤所见，遂在梦中起颠倒想，成立空河生其忆念，此亦如是。纵有非倒之见，于彼梦内相续识中，而生其执，所见之相固非识外。是故当知梦中忆念有真实境，道理不成。

△二梦境明白。

然复梦者，所见之事如在目前，睹江山等。然非寤时所有忆念，能得如斯分明显著。既无异相，何意不同？于其梦内被睡乱心所生忆念，于境分明见在目前。然非于梦觉寤之后，平善心中得有斯见。由如是故，而于梦中分明显现，彼此决断，犹如觉时见境明白。准彼梦心所见之物，非关忆念。先于梦中曾见有物，后时梦内忆前梦事，然斯梦忆如彼觉人，虽念其境状似障隔，处遥远时，不能显著观其色等。

△三梦境非有。

又如所言生盲之类，于其梦中无所睹见，虽有巧词理应不成。此亦随其自种功能至成就位，遂于心上梦观青等。然此未曾而作计会，如余流类，虽梦青等，遂令言说启发无由。又梦所见，多是今生不曾经事而现在前，是故梦心不关忆念，纵令是念缘过境故，此则成立念境空无，过去未来非现在故，犹如非有据实事故。此中意言，其能缘觉境虽非有，然而时处决定可得。故知所计以境为先，方能见者，未能于我作无利事。

△四梦有别事生起有二：初虽，后释。今初。

有余复言，由梦障心有力用故，于其别事暂得生起。

△后释有五：初识体无碍现，二梦生死不实，三梦境无对碍，四梦心多奇异，五圣教量所无。今初。

识体清净无碍现前，犹如定者三摩地力，清净光明观无碍故。如于小室梦觌象群，及睹诸余广大之物。

△二梦生死非实。

又梦见自身于别界趣等在彼托生，然不能言于彼余体，非执受身为我身解，如非梦时受用之体。然非不舍此趣之身，更执余处得有斯理。复非此时有其生死，便成见有亡尸之过。又复纵许有其生死，然于重生有其违害。后时觉寤，其旧体曾无毫厘亏损处。又于卧时，傍人不曾见身有异，然此渐顿于受生时有相违失。由此应知但唯是识，于彼熏习功能现时，即便观见种种相貌，分明在心，斯为应理。

△三梦境无对碍。

又复纵于平田广石藤蔓虚县，寝卧于斯梦观大境，此亦非色，无质碍故，犹如受等。又此所许于地水等是其色性，体应质碍，若不许者，失对碍性，复非无表，有不定过。由斯与彼道理同故。

△四梦心有奇异。

此之梦心有何奇异，营大功业不假外形，而能巧利构斯壮丽？或见崇墉九仞，飞甍十丈；碧条藿蘼，红华璀璨，匠人极思亦未能雕。若言于他同斯难者，彼无此过，不假外色功力起故。但由种熟仅识为缘，即于此时意识便现。

△五圣言量所无。

又未曾见有经论说，于彼梦中生其别色，是故定知畏难巧说，于己所宗盖其穴隙，纵为方便，终亦不能令其梦中有别色起，是故理善成处时定如梦。

△自下二以如鬼喻解相续难。

说如鬼言，显如饿鬼；河中脓满，故名脓河；如说酥瓶，其中酥满。谓如饿鬼同业异熟，多身共集，皆见脓河，非于此中定唯一见。等言显示或见粪等，及见有情执持刀杖，遮捍守护，不令得食。由此虽无离识实境，而多相续不定义成。

△释此分中有三：初牒论文，二显正理，三释妨难。今初。

身不定如鬼者，实是清河，无外异境，然诸饿鬼悉皆同见脓满而流，非唯一眊。然于此处实无片许脓血可得，何容得有溢岸而流？虽无实境，决定属一，理定不成。

△二显正理有三：初业习成熟故相从识生，二同分别业故各别而见，三观业不异趣同见。今初。

此即应知观色等心虽无外境，不决定性于身非身，遮却境无，即彼成立有境之因，有不定过。于无境处亦有多身共观不定，如何实无脓流之事，而诸饿鬼不别观之？由其同业，咸于此位俱见脓流，悭悋业熟同见此苦。由昔同业，各重自体，此时异熟，皆并现前。彼多有情同见斯事，实无外境为恩益故。准其道理，仁亦于斯共同造作，所有重习成熟之时，便无别相色等相分从识而生，是故定知不由外境识方得起。

△二同分别业故各别而见有二：初述疑，后正显。今初。

岂非许此同一趣生，然非决定彼情同业！由现见有良家贱室贫富等异，如是便成见其色等应有差别，同彼异类见成非等，故知斯类与彼不同。

许此同一趣生者，此谓人类也；与彼不同者，彼谓鬼也。

△后正显。

彼亦不由外境力故生色等境。然诸饿鬼虽同一趣，见有差别，由业异相，所见亦然。彼或见有大热铁团融煮迸溅，或时见有屎尿横流，非相似故。虽同人趣，薄福之人，金带现时见为铁锁，赫热难近；或见是蛇吐其毒火。是故定知，难在人趣亦非同见。若如是类无别见性，由其皆有同类之业。然由彼类有同分业生同分趣，复有别业，各别而见。此二功能随其力故，令彼诸人有同异见。

△三观业不异，故异趣同见有二：初述疑，后正显。今初。

彼以此义亦答余言，有说别趣，有情鬼傍生等应非一处，有不别见，由别作业异熟性故。

△后正显。

此虽成趣业有差别，同观之业还有不异。即诸有情自相续中，有其别异业种随故，彼任其缘各得生起。

△三释妨难，有二：初鬼见缘实河境，后饿思见缘实脓境。初中复二：初立难，后释妨。今初。

有余复言，诸饿鬼等同见事时非无外境，由此器界，是诸有情共增上业之所生故，要假现有河水澄流，于此处见脓流等，由其薄福悭贪垢故，遂见如此不可爱事。若其彼类不见水者，即诸有情同增上力感得共果，理便阙失，故知此类有其实境，脓血等识要假其事此方有故。如于相续，身邪倒执执为我解，由无别事同见脓等，是故不定属一身生者，此由不能善了所缘，故有斯见。

△后释妨有九。初不见不得作所缘，二别相则本非所缘，三非为因则非所缘，四但为因亦非所缘，五共业所感非必见，六余生见故为共业，七后时所须为共业，八我见不缘有为事，九境无由业而妄见。

要待心心所了前境相，故说为所缘，然非饿鬼见其流水，如何不见得作所缘？

△二别相则本非所缘。

若以别相即于水处睹脓流者，何处得有如斯定判观其本水？然于水相曾无片许为所观察，但睹其相而为境界。有说由似相状识许此名为境，脓血之识无彼相故，方知不缘水等为境，犹如梦觉。

△三非为因则非所缘。

亦非为因成所缘性，有大过失，前已申述。然此外境于所缘心曾无恩益。

△四但为因亦非所缘。

若但为因，亦大过失，前已说故。

△五共业所感非必见。

又如所言，由共相业之所感故，必须见者，此亦不然。未生天眼及以远方，不能观故，生五色者亦应得见。

△六余生见故为共业。

若言非彼业力生者，转向余生亦应不见。

△七后进所须为共业。

若言后时是所须者，我亦同然，如无色界趣余生时非无益故，然于饿鬼理亦同然。

△八我见不缘有为事。

又复缘我所生邪见，即如次前所引道理，不缘色等有为之事，不缘彼相故，如无为觉。

△九境无由业而妄见。

是故定知自不晓了，必不令他能为解悟。然诸论文极分明故，如有颂云：

纵使河流鬼不见，设有所见别为形。

明知彼皆由故业，业障瞳人坏明睛。

境虽非有，由业过故而令眼见，体是现有而不能见。斯即自许，故所见物便有别形。由此应知实无脓血，便有妄见。

△后鬼见缘实脓境有二：初立难，后释妨。今初。

有余复言，然诸饿鬼由其非爱恶业力故，遂令其眼见如是相，虽同一时余有福类所不见物，此遂谛观可厌之境，由此故知诸饿鬼心缘其实境。

△后释妨有二：初征二计，后破二计。今初。

今应问彼，为由眼根作斯妄见，虽无前境见非爱事；为当前境实有斯事，眼识依此生了别耶？

△后破二计有二：初破妄见计，后破实境计。今初。

初且非理，许不爱境无，妄心成故。若言此见由想差别，实不相违，前境空无是所许故。

△后破实境计有二：初重征，二历破，三结成。今初。

其第二计，如何彼境能现此形？

△二历破有二：初一处不得共居，后相入应悉同见。今初。

若言由其恶业生者，如何一处众多同类共居耶？不许碍物，此得共余同一处故，如石与瓦许有同居。故知脓水体是别方，今同处见，是其应理，质碍性故，犹如乐等，成非碍性。若言脓等是质碍性，不应一处可见，如石。由此故知一处见者，与理相违。

△后相入应悉同见。

若言聚物多有间隙，于彼空处共相涉入，多者映余。设令相似不可别见，犹如水乳遍皆合者，又极坚硬金刚石等，火分入中是相违故。又复定者业力，眼药所发，眼根决定能观前境之事远近粗细，不论可意及不可意，随其力用悉能见之，应有诚悦。由此不能作如是说，于彼隙中更相涉入。虽在一处，除可念水，见非爱脓，此则许有外境实事。余人所观曾无缘碍，及其睹水应见余形。鬼亦同然，俱瞻于水，如煮香油，咸皆共嗅。

△三结成。

若言虽彼无别因缘，但由其业不能于境水脓俱见，斯固是其暂违共许，非理爱脓。然仅自识一类同业自种熟时，随缘现前起诸相貌，斯之妙理何不信耶？又复更有诸防护者，容像可畏，慑胆摧心，拔利刀，执罥索，见便驱逐，不令得近。纵使此时遭其巨难，亦不能得强作分疏，言此生类由彼恶业为胜缘故，虽复先无，忽然而有，此即便成扶助唯识，共立真宗。由此道理，识所现相固无违害，如是应知不定属身，虽无外境在识成就。

△自下第三以如梦喻解作用难。

又如梦中境虽无实，而有损失精血等用，由此虽无离识实境，而有虚妄作用义成。

△释此分中有三：初牒论文，二显正理，三释妨难。今初。

如梦有损用，虽无外境，理亦得成。

△二显正理三：初显正，二摧邪，三祛疑。今初。

由于梦内男女两交，各以自根更互相触，虽无外境触，而有作用成，现流不净，但是识相身与合会为其动作。此既如是，于余亦然。恶毒刀兵霜雹伤害，虽无外境，但依其识有毒刀等，何理不成？

△二摧邪有三：初立过，二斥救，三破计。今初。

彼定不能成作用者，此亦其相离之处，差别之触，于识分上现斯相状，便于自宗有不定过。然唯于识，精流事成。

△二斥救有二：初救，后斥。今初。

复有说云，忆如斯位，诸有生类，于一切时不见故。

△后斥。

然此所述不能成因，有不定过。觉情于事作用亦成，流泄之因于识转故。

△三破计有二：初征，后破。今初。

又复彼定不成作用之因，为当但据总相之识，言不能成，为识差别。

△后破。

此之初见即无同喻，由此所云识能为用，其增上识亦能生故。若第二计其识能为所有作用，便与不能成事之因，有不定过。

△三祛疑有二：初问，后答。今初。

若尔何处得有如斯定事，同无有境，或时有缘能为事用，非一切耶？

△后答。

功能别故。由彼诸缘功能各异，随其功能而为作用。又复与汝执外境师其理相似，境既同有，何不诸事一切时成？是故应许于别别事，各有功能作用之时，呈其异相。此即便同唯识者见。

　　△三释妨难有四：初难，二救，三征，四疑。初中复二：先立难，后释难。今初。

　　有余复言，理实不由触著女形能生不净，觉时亦尔，然由极重染爱现前，便致如斯流溢之相。由于梦有等无间缘，差别力故，遂便引起非理作意，以引为因，便见流泄。如于梦中无实境，能流不净，服毒噉食触女形等，身体烦疼根充足力生男女等，于其梦中事应成有。是故定知如于梦泄，无境有用；觉之如是，虽用无境，非为应理。

　　难意云，若觉若梦流不净者，但由爱染，非由于触，故不可为喻。若尔则梦服毒应身体烦疼，梦噉食应根充足力，梦触女形应生男女，而实不然，故知无境有用，非为应理。

　　△后释难。

　　虽无其境识用成者，若于觉时纵境非有，许是唯识作用得成。此即岂非善符唯识无境论者，有何不爱？

　　△二救有二：初立救，后释救。今初。

　　若言别有如斯意趣，诸有触等咸仗外事方成作用，但唯有识理不能成，如栴檀木磨作香泥用涂身体，能除热闷使得清凉，然此流泄但依识生。

　　△后释救。

　　此还于理未为的当，依触等境而有作用，非所许故，由非不许有外触者，而欲令他依斯触事作用起故。由此不应与他作用便成非有过也。由其成立唯有识者，但是事物所有作用差别，皆从识处生故。

　　△三征有二：初立征，后释征。今初。

　　于此乍可作如斯难，既无外境，如何离识能有作用而成事耶？

　　△后释征。

　　既有此征便申雅喻，由如梦内损害事成，此于唯识能有作用，并已如前颇具申述。

△四疑有二：初立疑，后释疑。今初。

若尔梦餐毒等应成身病，此亦由其唯识有用，犹如于境而有定属。

△后释疑。

还将后答用杜先疑。或复有时见其毒等，虽无实境而有作用。由见不被蛇之所螫，然有疑毒，能令闷绝流汗心迷，若遭蛇螫。亦于梦中，由咒天等增上力故，遂令饱食气力充强。又复闻乎为求子息事隐床人，梦见有人共为交集便得其子。如何得知于彼梦中被毒等伤是为非有，睡觉之后不睹见故。今此所论还同彼类，于现觉时将为实事，见毒药等执为非谬，真智觉时便不见故，同彼梦中体非是实。然于梦中许实色者，彼亦获斯非所爱事，毒等果用便成实有。若言无者但有毒相，毒等用无，此云毒状便成违害，许毒相等固成无益，于其识上药体无故。是故定知实无外境，但于觉心生其作用，犹如于梦，觉亦同然。斯乃真成称契道理。

△自下后有一颂答总难不成有二：初结前，后总答。今初。

如是且依别别譬喻，显处定等四义得成。上来且随如所说事，将别梦喻及别鬼等，如彼所陈四种之难，各为喻讫。

△后总答有二：初偈颂，后长行。今初。

复次颂曰：

一切如地狱，同见狱卒等，

能为逼害事，故四义皆成。

△后长行有二：初略，后广。今初。

论曰：应知此中一地狱喻，显处定等一切皆成，如地狱言，显在地狱受逼害苦诸有情类。

今更复以捺洛迦喻答彼诸难，其事善成。由极恶情极恶卒等，有定处时不定皆见，咸不离识而有别形，并狗乌等所生惨害猛利之苦，随捶栲事至受罪终。可将斯喻随言难诘，凡诸释答，如上应思。

△后广有二：初正解，后结成。今初。

> 谓地狱中虽无真实，有情数摄狱卒等事，而彼有情同业异熟，增上力故，同处同时，众多相续，皆共见有狱卒狗乌铁山等物来至其所为逼害事。

△释此分中有二：初申正，后释诤。今初。

复次理实无有极恶卒等，如所说事有定不定，因何得生？然亦于彼起作用心，生此之因，当时有用获得生故。即此所观，众多相异假藉功能，并由内心相续，随转业力差别而为正因，复更假于取等顺缘共相助故，随事而起见等转成，异熟等果悉皆显现。由此虽无实有狱卒，然于彼中，要藉相似自造恶业增上力故，共于此中见处定等，亦复于生作用心。

△后释诤。

此等即是于彼色等，非外实有，显从识生，为明此义作斯成立。然由不待离识之境是能遍故，出相违过，若触等境是色自性。即是所立。若言但是实事定执，谓立已成。由将出彼过失之言，为方便故，应知即是显己自宗成立之相。

窥基大师云："此对萨婆多及经部等申其正理，不对大众、正量部等申其正理。"

△后结成。

> 由此虽无离识实境，而处定等四义皆成。

△释此分中有二：初正结，后释妨。初中有三：初处时定，二

相续，三作用。今初。

于中所立随顺之因，以梦等识为其喻故，即此执言显如斯义，决定处时所有事体，当情显现诸相貌故。如于梦内遍眛其心，即梦觉后，分明之想睹色等时，实亦不缘非识之色，未必要须色等境现。

△二相续。

然由同业异熟所感，共受用时，于自相续不定属一而生起故，犹如饥渴诸饿鬼辈，有同恶业见脓河等；或复如于极恶之处，皆见猛卒。于此宜应两皆成立。

△三作用。

如现见境有其作用而显现故，如于梦中但唯识相，见与女人为交涉事，如狱卒等皆共睹其苦害之事，并可述之。

△后释妨有二：初难，后释。今初。

岂非要须极恶卒等成非有已，方可将为能立之事？此既不成，便成无有同喻之过。

△后释。

固无如是便成之失，由斯等物，亦复将为有情，犹如无说，离于执受非受事故。然此亦非是执受事，犹如瓦木，亦如蚁封，由其不是有情数故。

释中即以无说为同喻也。

△窥基大师云："自下三颂破外救义，于中有三：初之一段破摩诃僧祇犊子部等救义，次有一颂破萨婆多师等救义，次有一颂破经部师等救义。"初中复四：初大众、正量二部救义，二大乘广破，三彼复救义，四论主复破。今初。

何缘不许狱卒等类是实有情。

有何意故，不许狱卒及狗鸟等是有情数？然此同见有情形势及有动摇，亦不假藉外缘力故，如余萨埵。若尔斯及便为诸因不成。

△二大乘广破有二：初总，后别，今初。

不应理故。

此难非理，诸那洛迦所有动作不待外缘，彼那洛迦先罪恶业，为任持者作摇动故，如木影舞，同众生相。

△后别有二：初破非地狱趣，后破非是余趣。初中复二：初总显乘失，二列举僻见。初中复四：初不受苦故，二有行位故，三极相怖故，四不能逼害故。今初。

且此不应捺落迦摄，不受如彼所受苦故。

复由彼定不是有情，于五趣中所不摄故，犹如木石。由此故知，彼定不应同恶生类。如余恶生生于此处，同受于此所有共苦，然彼不受此之苦故。彼趣有情，所有共苦不同受故，如持鬘等非那落迦。而诸恶生同受此苦，由彼共业俱生此处。若异此者生尚难得，况受害耶？虽有斯理，其狱卒等不受彼苦，不是共成。此非正说，彼生不受同害苦故。由非能害者，还如彼害生，一种燋然同受于苦。

△二有行位故。

互相逼害，应不可立彼捺落迦。此狱卒等。

若已转计，道为更互共相害恼，故许彼生有时受苦。此亦非理，由其展转相害之时，此是捺落迦，此是波罗者，此之行位便为亡失。以其能害可有作用，为缘由故说为狱卒。如一即尔，余亦应然。此则两皆成狱卒性，即那洛迦体性不离遂成乖失。由此非是狱卒性故，如三十三天。意欲显说其那洛迦，非被害者。

△三极相怖故。

形量力既等，应不极相怖。

　　若许更互为害理齐，彼此相陵，知己有力，形量壮等，更互相欺，不应生怖。设令见彼极大形躯，忖己骁勇便生胜想，如是知己宁容有怖，岂如那洛迦见于狱卒等？何况形量气力不殊，见彼之时今兴怯念？又复俱为狱典，形量是同，身力既齐，此无强弱，理应别有形量不等，勇健惨烈见便生怖。如是计时，那落迦类正受苦时，见彼卒来便生大怖，忧火内发胸臆全烧，相续苦生，形骸战越，恶业生类受如斯恼。纵令善巧明智之徒，亦复未能总知其事。此之阶位理固相达，由于世间亦见斯事。有生恶意，怀鸩毒心，欲害于他今生怯畏。虽即在于极重可畏怖惧之处，被拘顿时，不同怯者生其怖畏。然而彼类怀坚硬心，多见有故，彼那洛迦受苦之类，多怀恐怖身若镕销。故此那洛迦，非为能害者，由如屠所系柱之兽。然此是彼生怖因故，非受彼苦。

卷第三

△四能逼害故。

应自不能忍受铁地，炎热猛焰恒烧然苦，云何于彼能逼害他？

那落伽波罗如猎鹿者，如是应知，非但不受相害之苦，然于器处共相之苦，亦复不受，此之狱卒能害彼故。若异此者，彼在热铁融沸地上，受烧然苦，不能忍时，如何此际能逼害他？于此热地身动转时，那落迦类自身支节尚不得持，岂况更能有所为作！然而但可于热铁中洋沸腾涌，身出他制无片自在，然彼狱卒勇健害他，是故定知不受彼苦，犹若厨人遥执铁铲，于热油内转彼煎鱼。

△二列举僻见有二：初征破，后融会。初中有四：初能逼害之诤，二不受若之诤，三有行位之诤，四极相怖之诤。初中复三：初达狱卒义，二违自宗义，三非地狱义。初中复二：初举见，后显过。今初。

或将狱卒为那落迦，以其相害无功能故。

△后显过苦。

尔者便成违狱卒义。

△二违自宗义有二：初举见，后显过。今初。

然由那落迦类受烧害时，不能相害。

△后显过。

若尔便成不是狱卒。言那落迦、那落迦波罗，立为宗者，有违宗过。

△三非地狱义有二：初举见，后显过。今初。

又复若言，受彼热铁极苦触故，诸那落迦不能害彼，如以生命置炎炭中。或可斯类，不沾此苦，如睹中天。

△后显过。

此显狱卒非那落迦。

△二不受苦之诤有三：初非情无见故，二同苦悉受故，三定苦不受故。初中复二：初举僻见，后显乖失。今初。

即于此见外人别释，引经为证，极成乖失。然而暂为少慧之辈，显其僻见，略举疏条。彼便难曰，于地狱处，狱卒之流不受苦者，我不许故。如经说云："汝等苾刍，有那落迦名六触处，若诸有情生在彼中，彼若以眼视诸色时，咸悉了见不可爱事。"

△后显乖失。

实彼有情有如斯事，狱卒非情何所观见？对执不许有情论者，便是共聚咀嚼虚空。

△二同苦悉受故有二：初举僻见，后显乖失。

彼设难云，诸那洛迦受彼时，有其差别，得异身故，如一无间、多无间罪。

△后显乖失。

此亦未能闲他意趣，如前所云，生那落迦有情之类，受苦切时，简于余趣所有苦毒。然彼狱中，所有共苦咸悉同受，然于彼处，由重业风惊飙猛烈，身遭极苦，一无间者则不受之。望彼多种无间猛苦，不同受故，便成不定。为显斯事，除彼狱卒，诸那落迦无斯差别，彼趣同苦咸悉受故。即所立宗无异宗处,转生道理何成不定?然一无间同受苦故。

△三定苦不受故有二:初举僻见,后显乖失。今初。

有外难云,由其狱卒不受苦者,斯非正答,有不定故。然且不应作斯定判,见一受苦令余亦然。现见世间共睹斯事,如羊骆驼被蝎蜇时,遂便致死,鸟之一分将以为食。且据傍生有斯差异,于人趣中,亦复见有一不受苦。如患块者,医人遂便蹈热铁上,即以热脚踢于病处,病人虽受极苦,医足曾无痛处。然而有情实无差别,此亦由其那落迦趣俱生苦法,以不见故,遂不名此为那落迦。

△后显乖失。

见蜇毒等能断命根,此亦但是呈其广见,巧识俗途,非关所论契理之事。若云但据趣之相似,是彼趣收,于斯宗处,即彼趣中,见有不受彼趣之苦,显他宗有不定过者,此亦未解我成立义。当趣所有决定之苦,彼不共受,是前作用能立义故。然非人畜在彼趣生;准彼法式须定受者,而不受之。所云羊等遭蝎毒时,有断命苦,或被热足所生之苦,若全不受彼趣苦故,非彼趣性可有斯愆。

△三有行位之诤有三:初不被害计,二非定位计,三由业力计。初复有三:初异执,二转难,三重救。初中复二:初举僻见,后显乖失。今初。

有异执云,然而狱卒由自他业,增上所生不被害故,互相苦刻,他不许也。

△后显乖失。

我今谓汝,而于自见乐著昏心,设在虚空,步步颠蹶。那落迦波罗非他所害故,他逼所生,所有苦痛必定不受,是其所许。然而执云,不受彼处形害苦者,与谁助力?

△三转难有二:初举僻见,后显乖失。今初。

此转难曰，虽复有斯更互相害，由作用别，致使位殊，犹如所缚能缚之异。

△后显乖失。

尔者还将自语返破己宗。由匪同时，能缚所缚更互容为系绊之事，若言彼二次第而为，此亦非理，由非受系各为被缚，及其缚彼为能缚者。然而此二纵令苦次于那落迦，亦不能立。若受惨毒极苦之时，非那落迦，若被他害，遭彼恼时是那落迦，是不应许，一相续形有生有死，成大过故，同在一时更互相害不容成故。由非一念是卒还非，能为此计。

△三重救有二：初举僻见，后显乖失。今初。

若救转计虽同一趣，由作用别，名号便异，一名那落迦，一号狱卒；犹如人趣，非典狱者，有被枷者。

△后显乖失。

此亦非理，不托彼故。由非仅托作用差别，说那落迦如被缚者，然此但由趣为因故，斯乃如何舍其狱卒？是故定知位有差别，由非趣同作斯缘绪能所缚殊，由作用别之所为故。理应随彼而作分位，诚无有违。若时许乐阶位别者，应须共许诸那落迦非狱卒也。于我所宗唯尔是要，由此与前能立之义善符顺故。若许实有那落迦性，由作用别，有时名作掌狱者故，斯之执见，所有阶位便成无失。然则许有阶级殊途，如有颂云：

窥基《述记》云："此偈是法救善现所说。"

多瞋为惨业，好行罪恶事，

见苦心欢悦，当生琰摩卒。

由非此相那落迦有。若此伽他是实义者，如何辄尔作如是言，其狱卒等非有情数，随那落迦所见之相作如斯说，理复何违？诸近见者，由睹于他举动善别为所量故，测度彼心。然本在识种子熟时，随有如是相状差别而起。随彼所见，佛作斯说，欲令波跛恶业有情断除罪见，于那落迦极恶

~108~

之处，彰显恶业所生苦报，随彼情见，于其识外说非爱事，确论实理。咸是内缘相似而现，固无违也。

△非定位计有二：初举僻见，后显乖失。今初。

有异执云，虽复更相俱为苦害，此等阶级不越常途，由非此时有其定位，彼害之者名那落迦，能害之人号波罗矣。是故定知，诸那落迦正被害时，无有便成狱卒之过。

△后显乖失。

执此计时，于我所成狱卒事用，曾无片许令爱乐耶？

△三由业力计有二：初举僻见，后显乖失。

有说此由业力有斯异状随逐有情，还非一准。由此先曾更相恼害，复于狱处共为刑戮，彼此逼害，遭诸痛苦。

△后显乖失。

若有生命，自无身力能害于他，但知忍苦，更无余暇。由彼有情先共为怨，故使今时更相苦害，彼皆是此那落迦者，而彼展转共相害事，非他所许，随其自业识相生故。而云非是狱卒性故，彼非能害，此出过言全尤意况。若被害者许是那落迦，然能害者即不受斯苦。

△四极怖畏之诤有二：初举僻见，后显乖失。今初。

有说于同一趣诸狱卒类，未必要须同形量等，然与彼卒惨毒可畏，见便生怖，高大形躯非常雄壮。设有形量可容相似，然彼身形含毒可畏，如笈戾车，见便悚惧。是能害者，设使此类躯貌矬矬，由其禀性是猛利故，纵令敌者形状伟大，情不比数，事同草芥，陵篾彼徒，力有容裕。

△后显乖失。

此亦未能闲他意趣幽邃深义，然彼疏失，我且恕之。诸那落迦更互相害，事亦不殊，形量力等必须相似。有时虽复作如斯说，乖兹语势，遂即难言，未必要须形量相似，此欲共谁而为系难？诸有忖度，自身勇力于他决胜，便无怖心。如是许时，由其惨害或复威严者，斯乃诚为无义言也。由切逼迫生极怖故，非能害者，作成立时，道其极怖，作便成过，方便显斯差别之相。仁今更复成立惨害及以威严，此则便成大为恩造，能为善伴，增我光辉。

　　△后融会。

　　如上所言，得羞别体。地狱器苦不同受之，或诸猛火由业力故，便无烧苦。斯则自非善友，谁能辄作斯说！凡是密友性善之人，不论险夷常为恩益，为欲显其不受烧苦，故致斯言。然于此时助成立义，即是显出善友之意。由其不受彼之苦故，意欲成立非那落迦，彼复更云，由其业力说有大火言不烧者，斯则真成立唯识义。由无实火，但唯业力能坏自性，既定不受如斯苦故，便成此火自性元无，然有实性是宗所许。若也许其是识现相，事体元无，此由业力故无实火，斯成应理，由其先业为限齐故。若异此者，彼增上业所招之果，既现在彼，如何不见？如无智者，欲求火灭更复浇酥，令唯识宗转益光炽。由斯众理，证此非成那落迦类。

　　△后破非是余趣。

　　　　非捺落迦不应生彼。

　　△释此分中有二：初述执，后正破。今初。

　　设尔不成那落迦类，是鬼是畜，理亦何伤！

　　△后正破。

　　尔者既非那落迦，如何生恶处，由非得余趣生于那落迦。若尔既生彼处已，应同那落迦，又复如何而许彼处得有生理？若生于彼当趣同分，彼初生时必应非有，有情数性非所许故，复由于彼同趣有情无不定故。若执此见名为生者，诸大威神亦有于兹那落迦处，为救有情应济之苦，此则虽非那落迦类，亦见有故。便成不定，非即据斯恒决定见，作斯说故。此意欲论，唯于恶趣那落迦中而见有故，当尔之时，诸琰摩王侍从使者，王若出行此必随逐，是故彼王并及侍从不出于界。

△三彼部复救。

> 如何天上现有傍生，地狱亦然，有傍生鬼为
> 狱卒等。

若其彼界无差别类，云何天上亦有傍生，如天象等，虽非天趣而生彼故。如是琰摩王界诸狱卒类，及狗鸟等，然非彼类亦生其中，由此道理同那洛迦。诸狱卒等生地狱时，即彼趣摄，何以故？同处生故。即由斯理，能成决定应受彼苦。

△四论主复破有二：初总，后别。今初。

> 此救非然。

此救不然，虽生地狱，非那落迦。何以故，不同受故。

△后别。

> 颂曰：
> 如天上傍生，地狱中不尔。
> 所执旁生鬼，不受彼苦故。

论曰：诸有傍生生天上者，必有能感彼器乐业，生彼定受器所生乐，非狱卒等受地狱中器所生苦，故不应许傍生鬼趣生捺落迦。

△释此分中有二：初正解释，后破异执。释中有二：初释前半颂，后释末半颂。今初。

如天上傍生地狱中不尔者，诸有傍生及诸天等处不差别，如捺落迦等自业能感差别不同。彼所作业，随自业力而受彼苦。是故定知天上傍生，必有能感天上乐业，方乃生天同受彼乐，由顺乐业之所生故。

△后释末半颂。

所执傍生鬼不受彼苦故者，诸有傍生及饿鬼等，彼所生趣受种种苦。不尔，云何诸狱卒等不受彼苦？由是故知，捺落迦苦，非生报业趣所受故，由如那剌陀等。若尔，非无业者而生彼故。此亦如前已广分别，如彼业力之所感者而于中现，此非同喻。然彼所立决定不成，非我所许。然于此中如铁山等乍离乍合，有所作故。

△后破异执有三：初同受苦，二异业力，三如五色。初中有二：初述执，后征破。今初。

有余师说，彼狱卒等亦受彼苦。

△后征破。

然则所说因喻不同，前后相违，故应更说，所依别故。

△二异业力有二：初述执，后征破。今初。

或由增上大异业力，而不受苦，何以故，如不受时。

△后征破。今初。

斯言有失。

△三如无色有二：初述执，后征破。今初。

有余复说，犹如无色界苦受乐受亦有受处，然彼受者有所受故，此亦如是。

△后征破。

斯见非理。然无色界，有情生者非是器故，彼界无处，受等及行云何方界？摄取彼等方分为因，有方分者以为因故，如是应知实无方分，但唯有生欲色二界。有情生者有因积集，是故彼生应有方分，犹如色界有方分故，欲界亦然，彼界因故。不尔，以无色故，无住处故。犹如不知合者，此不如理。

△二破萨婆多师等救义有二：初救，后破。救中有三：初立

宗，二立因，三立喻。今初。

> 若尔应许彼捺落迦，业增上力生异大种，起
> 别形显量力差别，于彼施设狱卒等名。

若尔应许彼捺落迦，业增上力生异大种，非是有情之所摄故，地等大种于地狱中，起别形显量力差别，如有情像颜色等异，手足身分，量力差别，长短大小，于彼作用，方名卒等。

△二立因。

> 为生彼怖，变现种种动手足等，差别作用。

△释此分中有二：初问，后答。

若尔非有情者，云何卒等不待外缘，手足身份种种作用，欲令彼等生大怖畏，变现种种增胜威力，动手足等？

△后答。

此由风界，令动手足种种作用，别别示现。彼之风力，如人意乐。随念所作，诸捺落迦亦复如是，才见此时，便生怖畏。彼地狱中捺落迦等，由业力故生大怖畏，犹如木人，能有所作种种示现。大种和合虽无思觉，业力因缘，遂见如是动手足等，相状有异，示现所作。诸无情等道理许成。

△三立喻。

> 如羝羊山，乍离乍合，钢铁林刺，或低或昂。

彼之地处诸捺落迦，业增上力，便令自见羝羊山等乍来乍去，斯非有情而亦见。此则住处地等差别，及狱卒等，非是有情理得成立，无劳致惑。

△后破中有二：初总非，后理逼。今初。

> 非事全无，然不应理。

尔者非无所缘，是狱卒等意乐生故。彼诸卒等及以地等处所不同，形相示捺落迦等，许由业力，于地狱中地等大种，生是形色差别变异，手足

动等。处及大种，或有无斯诸系缚等，以业力故，理应不成。

△后理逼。

颂曰：

若许由业力，有异大种生。

起如是转变，于识何不许？

论曰：何缘不许识由业力，如是转变而执大种？

△释此分中有二：初正释，后答难。今初。

何缘不许识由业力如时转变，如梦所见色等和合，外有影生种种相现，理应共许转变作用，识由业力如转变，与处相违。

若许由业力，何用异大种者？诸狱卒等，由四大种种种转变，动手足等作用别故，如梦所见色等处故，彼等形状无体用故。或非地等差别相故，如前所说羝羊山等。他不许成色相变故，变化亦然，形状等异由他力故。此由识变种种异相，转转形仪差别不同。离识之外，更无一物而有可见。

△后答难有二：初难，后答。今初。

此中外难，若但由识转变别异，种种形仪狱卒等想，自识变故，同苦因故，诸捺落迦非狱卒等。此四大种，由增上果同业生故，于受苦时不同受故，是故方须说四大种。

△后答。

如是所说，不善他宗。云何不善？但说有情自识变现，见狱卒等能为惨毒，由自识现，各见卒等诸苦害具，互不相违。然如自识，见苦害等同类影现，彼因同故苦受用俱，即与弟子，所作事业有同不同，于不同事而强说同。及孤地狱互不相见，苦不同故。所立大种，理谓不成。

△三破经部师等救义有二：初偈颂，后长行。今初。

复次颂曰：

业熏习余处，执余处有果。

所熏识有果，不许有何因？

△后长行有二：初明正理，后征圣教。今初。释此分中有二。初述彼执，后述密义。今初。

论曰：执捺落迦由自业力，生差别大种，起形等转变，彼业熏习，理应许在识相续中，不在余处。

△释此分中有二：初明业熏习，后明果转变。初中复二：初述彼执，后显密意。今初。

此述以经部义。经部亦许有熏习，谓正造业之时，所有熏习，许在识中，或色根等中，而此熏习所感之果，不在识内，故云此捺落迦，乃是为彼熏习果处。

业熏习余处者，谓有执捺落迦，由自业力，差别因生，彼业熏习，理应许在识相续中，彼由业力不在余处，积集力故。唯地等处业所作时，合因果故。此乃是为彼习果处，卒等影像识缘差别，和合得生种种色类，如应分别。

△后显密意有四：初自业熏习，二心色共生，三心不离色，四色唯识变。今初。

不尔，是诸大种和合积集，因业力故，由业相续，差别果成。如是应知自身相续，得定果故。习之忆念缘于种子，亦无殊异有情相续。如是知己，所以取少分一人等，显示所取相续内熏心及心所相差异果，五趣所摄自业熏习之所成故。如无色界熏习之果，离心心所无别不应行。此中唯说名言差别，体事无异，故是密意。

　　△二心色共生。

　　或不离心所，体事不同，及以生处未离欲者，色之熏习，如如自力，生处得生行安立故，如无色界熏习之业。

　　△三心不离色。

　　或心心所不离色处，大种所生业力和合，方能生故。

　　△四色唯识变。

　　或识相续住熏习果故，如念爱憎等亦复如是。大所造色，影像识变亦不离识，彼之形状差别所说。

　　△后明果转变有二：初略标正义，后广破异执。今初。

　　执余处有果，所熏识有果者，彼所习果，此为因故。

　　彼所执余处所习之果，此所熏识为因也。

　　△后广破异执有四：初自体力变，二相续差别，三识增上因，四识所变果。初中复二：初述执，后征破。今初。

　　有余师说，唯自体力变为果也，欲色界生业力熏习，识依止故，如无色界，积集生业所熏习故。

　　△后征破有二：初牒计，后正破。今初。

　　彼说无记，识所依止熏习，及余识聚，俱相应果，此不应有。

　　△后正破。

　　是故说依止者，遍于一切有情所摄，或不用力便应得之。

　　△二相续差别有二。初述执，后征破。今初。

　　复有余说，自身业果于一身上而有因果故，如异熟识所安置业，是差别故，说身大种别别安布，果不应有。

　　△后征破。

　　彼若如是，余人身识，能依所依同一作业，亦无差别。有情施设故，同一流注，俱异熟识。尔者非卒等想，差别大种，和合建立地狱有情，是故相续，有其差别。

△三识增上因有二：初破执，后转释。初中复二：初述执，后征破。今初。

尔者，若时相续无间之识，增上因故，能生别识种种异类，此时应有相续别异因果转生。

△后征破。

不尔。云何？此即欲说因差别故。如心相续，和合种子是安立因。此中所说唯因能立，不说识增上缘是依止故。从斯种子无间相续，识之差别。然由种子自体相续，方得转生。

△后转释有二：初转难，后正释。今初。

言增上者，如彼地等唯能为缘，能造四大，亦应如是。

△后正释。

此亦不然，从自种子生时，说此唯缘。

△四识所变果有二：初述执，后征破。今初。

不尔。从识相续，别有四大种子，犹如无色界设生色界时，彼增上果，是异熟业之所感得，受用资具犹如异熟果。

△后征破。

此可爱乐，自业相续所感。此之正理，顺阿笈摩识所变果。

△后征圣教。

有熏习处，尔便不许有果转变；无熏习处，翻执有果，此有何因？

何因不许者，此由自见非理僻执强思构画，谁能辄说唯识之果，违阿笈摩，因何尔阿笈摩经不立唯识？

△自下破实境执中第三释有情法二无我教，引教难不成，故

知唯有识。有二：初总立别色，后别成唯识。成唯识中凡有三颂：初之一颂引教证色有别意成唯识，次有一颂引教证色有密意成唯识，后之一颂引教证色有胜利成唯识。今初。

有教为因，谓若唯识似色等现，无别色等，佛不应说有色等处。

离唯识外更无色等，不应别说有十二处。虽尔，不离其识，并十二处，立善等法。如是应知有色等处。

是佛说故，若离色等所立不成，违佛语故。或色等处等实有故，犹如意处，是佛说故。识与色等亦非别有，犹如法处。

△自下别成唯识中第一，引教证色有别意成唯识有二。初总标，后广释。今初。

此教非因有别意处，斯理不应此中所说，不遮唯识。

△后广释中有三：初喻显，二理证，三法合。今初。

颂曰：

依彼所化生，世尊密意趣，
说有色等处，如化生有情。

论曰：如佛说有化生有情，但唯依心相续不断，能往后世密意趣说，不说实有化生有情。

何以故？依彼所化生，世尊意趣说有色等处。如化生有情者，如佛世尊说，有化生有情，但唯依心相续不断，能往后世，是其密意。不说实有化生有情，此言密意。谓欲调伏一类有情，是故佛言有化生有情，是密意说也。谓彼断见所害有情，随自乐为者，无后世者，无善恶因果者，为欲洗除此之恶见，是故说心相续不断。心相续言，续当生故，此死彼生，犹斯理故。相续不断，说有化生，是为密意。

言化生有情者，谓中阴身也。断见外道，闻说无我，来问佛云："我体既无，谁往后世？"佛为答彼断见者说有中有，化生有情能往后世，非实有也。

△二理证。

> 说无有情我，但有法因故。

离识之外更无别我，云何知然？如契经说："无我无众生，但有法因故。"契经不尔，彼经不说有情亦有亦无，是故契经不相违故。心相续言，显其不断能往后世。

△三法合。

> 说色等处契经亦然，依所化生宜受彼教，密意趣说，非别实有。

△释此分中有二：初显色等唯识，后显化生唯识。今初。

如是应知如色等处，此为成熟一类有情，说斯密意。是故所立，亦无自教相违之过。

△后显化生唯识。

如斯所立因亦不定，何以故？依世俗谛，佛说别有化生有情，元亦不说离识蕴已，有善不善及彼果等别有有情。是因不定。是故佛说为除断见无后世者，如来世心相续不断，于其识蕴假立有情，于略诠中而说有故。

因不定者，依世俗谛说有中有，而彼有情亦非离识别有也。

△二引教证色，有密意成唯识有二：初总标，后广释。今初。

> 依何密意说色等十？

释此分中有二：初通标章门，后别释初门。今初。

离心无境有其四意，何谓为四？一者密意，二者意界，三者显果，四者密意义分别所缚。如是因缘说十二处。此之一切，当应建立次第发起，如理问答。

境界显果及密意义三门。即下色有胜利一颂密义，一门即口极微义五颂。

△后别释初门。

云何密意说十二处？而有众生如心相续，相续不断，说有情能诠所诠，于心安立执形象事。此中如是色等声境当应分别。

色等声者能诠也，色等境者所诠也。

△后广释。

颂曰：

识从自种生，似境相而转。

为成内外处，佛说彼为十。

论曰：此说何意？似色现识，从自种子，缘合转变差别而生。佛依彼种及所现色，如次说为眼处色处，如是乃至似触现识。从自种子，缘合转变差别而生。佛依彼种及所现触，如次说为身处触处，依斯密意说色等十。

△释此分中有二：初正释，后解妨。正释中复二：初释十二处，后释十八界。释十二处中有四：初释总标，二释所诠，三释能诠，四释密意。今初。

识从自种生，似境相而转，为成内外处，佛说彼为十者，从彼眼等处生彼色等处，如理应知，于彼二处，说斯种子相及彼识，如世尊说。为成处等说，共许声眼差别。

△二释所诠有二：初释种子，后释转变。今初。

此欲成立，说其青等分明显现，彼同类色从彼识起。未离欲者，识之种子殊胜安立，故得出生；彼之种子虽且安立，果未现受，乃至未得相应缘力，无间生灭，刹那刹那相续等中，获得微细体性巧妙。

△后释转变有二：初喻，后法。今初。

差别转变得殊胜者，如谷麦等，地等为缘，和合增长，体性不同，转转安立，芽等出现。如斯法性外之种子。

△后法。

内亦如是，此之内心相续现前，相对无间，刹那之顷，能生青等体性差别。

△三释能诠有二：初释眼处，后释色处。今初。

然此种子说为眼界，如此现为彼彼果性，心及心所，安立此色，为是眼处，彼亦如是。

△后释色处。

若如是色差别显现，识体和合，惊觉青等种子，在阿赖耶识，由未显现识能警觉影像变异，白体差别，如颇胝迦琉璃云母等，以薄物裹，随其本色，影现识生。此乃世尊如理分析，说为色处。

△四释密意。

然自教中，说彼意识形状不同，住利益故，所以此色说为色处。如是乃至坚湿暖等识之影像，所依所缘，力用最胜，是异熟识之所生事。种子相状，出生影现声及名等，变异差别之所取故。如是应成色之分段，功能不同，之所安立阿赖耶识。诸有智者分分觉了而分别之，说内外处，安布差别，是密意也。

△后释十八界有二：初问，后答。今初。

如安立界，此立识界，依止意界依六出生。如是意界自性差异，然亦说彼十八界耶。

△后答有二：初喻显，后法合。今初。

如异熟识，与眼等识次第为种，名眼等处，别别显现。何故名种？由能出生芽等众物，别异体性，如能造大及所造色，共许出生自类芽等，生差别故。犹如稻麦等诸种子，世间共许，彼之体性，异类非一，乃能出生。

△后法合。

眼及眼识，并与第二刹那相应。从此二界生得彼缘，随顺所立惊觉之性，非为一事一时能生。如一心所，别别能生无量色性故，此亦如是。异熟之识于眼等处，或同或异，识所生时，自体别故。异熟之识，为眼等处，彼色微细，眼等诸根，识生种种功能不同，极难见故。

△后解妨有二：初别难眼处，后别难色处。初中复二：初难净色，后难有对。初中复二：初述执，后征难。今初。

亦不如此，有别眼等，或缘色等清净四大。尔者别阿笈摩，佛说肉眼等处，清净四大所造色，有见有对，如是乃至身等亦复如是。

△后征难。

此不如理，识之影像密意说故。由是四大不离识之相分，斯亦不取缘青等识而为种子，以熏习识执著相故。识之种子，由彼熏习，是异熟识之所持故。

△后难有对复二：初述执，后征难。今初。

此亦不然，有清净色，有见有对。

△后征难。

不尔，若有对等，识之显现，非眼等识所熏习故。

△后别难色处有二：初难烂坏种，后难无色喻。初中复二：初述执，后征难。今初。

然烂坏种，依止所缘，安立表示。

△后征难。

此亦不了。阿笈摩中安布分析，由是阿赖耶识，无始时来，因果展转，无量功能含藏故，别别发起体色相待，彼彼界处生等别现，非一切时一时总生。如是广说眼等差别，乃至身相亦复如是。彼识种子欲示现力体性殊胜。此契经中，佛说安立阿陀那识，即如地等影像所现，缘等相应。彼所安立种种芽性体无损坏，然彼形状芽等显现，和合力故。坚等体性随缘现生，以阿赖耶识所有因果色处和合。或由地等影现变异不同，能造四大，在于色处。

△后难无色喻有二：初立喻，后征难。今初。

然此假立语业所诠，于无色界，语业虽转，言诠不及。于彼界中，色不现故，或色断故。

△后征难。

不作是说，虽有色之种子，非眼境故，此之色种影缘力故，建立果色故。由此因故，质碍不成。诸有眼根眹所损者，非此所取，种之清净，方堪所用。如是乃至身不杂乱，所依所缘，他所安立，如彼断坏及烂性等。彼之所立理应合有。是故此中，若随色类一一分别，转转无穷。

△后引证色有胜利成唯识中有二：初问，后答。今初。

此密意识，有何胜利？

有余复言说十二处，为欲成熟一类有情，此说无力，亦无义故。成熟一类有情者，即前证色有别意章中文。

△后答中有二：初颂偈，后长行。今初。

颂曰：

依此教能入，数取趣无我。

所执法无我，复依余教入。

△释此分中有三：初标二教，二释二教，三结经意。今初。

人无性理，极妙甚深，难解难入，亦令悟入。由是佛说立唯识义，复令如是无力之人，亦令易入于其色处无量过失。

人无性理乃至亦令悟入，谓十二处教。由是佛说乃至无量过失，谓唯识教人法无我也。

△二释二教有二：初释十二处教，后释唯识教。今初。

是故此门执我之者，令舍离故，如说苦谛，身之苦故。如是说处，色等狂乱，增上爱著所住种子之密意者，因立果名。

卷第四

△后释唯识教。

识从自种生者，以因性同故，非有质碍，所依所缘五识身境，识之相故，犹如意识。或不离心心所体性。彼眼等识，同共作业能生因故，犹如意处、法处。

△三总释经意。

此说表示苏呾罗意，经但说意不立宗故，彼所破者亦不成立。斯之所立唯少分义，若立此义，不应说广造众论。此云何知，犹密意等，说成立果及以境界入人无性，说十二处亦复如是。

△后长行有二：初释十二处教，后释唯识教。今初。

论曰：依此所说十二处教受引化者，能入数取趣无我，谓若了知，从六二法有六识转，都无见者乃至知者。应受有情无我教者，便能悟入有情无我。

△释此分中有二：初正释，后答难。初中复二：初明离过，后明证寂。今初。

若离眼等色自性已，即能趣入人无我性。何以故？此从二六内外差别，谓即眼等色等六境，如是转生，亦不从彼差别见者，乃至身触，眼等作用，离此自性不应别更有其作者。若依眼等而作事业，自在受用，斯说为我，我执所缚。今于此中，唯内外处和合自在，眼等作用有生灭故，斯亦非我，眼等为因，无触对故。常与有情不相舍离，但说为因，然能作者，于眼等处义亦如前。是故从彼别类不生，由是能悟人无性理。

△后明证寂。

若人无性能调伏者，趣寂之人此亦能入。何以故？由于生死见众苦逼，以苦无常，于生死中心生厌离，无我见力，顿能弃舍，怖我断者，次第因尽故，犹如薪尽火即灭故。是故佛言，为斯等类说十二处。

△后答难有二：初不为人空说十二处难，后方便悟入说色有体难。初中复二：初难，后答。今初。

有说是中不为人无性理说十二处，此之二相等无差别，有物性故，我见颠倒以对治故。

△后答有二：初总，后别。今初。

此说如理。如以颠倒对治颠倒，此非所许。

△后别有二：初答差别难，后答颠倒难。今初。

亦不善了我之所立。此之处等宁无差别！心及心所体相差别，若此志乐心心所时，然彼眼处非耳等处，由是此说相差别故。此亦如是，由时非一识生于彼，是眼等处自性乐欲。然而色等住金性时，非银等性相无差别。此之金等离色等已，不能异说有其别物。如是道理，此无差别，不于体性说有色等。

△后答颠倒难。

若如所说相颠倒故，不能对治，此与前执有情性同。如彼有情于无我处而我者，是颠倒性。斯见颠倒此能除遣，如色等处除我倒故。若心相续不断无颠倒者，此亦非理。是中自性乐欲相似不颠倒者，斯亦不善了前后故。

△后方便悟入，说色有体难有二：初难，后答。今初。

若有说云，方便悟入人无自性，说色等处有其体性，犹如意处、法处。

△后答有二：初答体性难，后答方便难。今初。

若心心所，我之自性彼爱乐者，便无诤论。若离心心所别有我体，实无有喻。此之言论如所分别，总相类故，非第一义。

初句纵许，后句理夺。谓若即心心所假说为色等体性，便无诤论，若言心外有色，实不如理也。

△后答方便难。

若说方便趣我无性，是亦不然。如应观察，安立此之巧妙方便，说色等处。

△后释唯识教有三，初正释，二申难，三正答。今初。

复依此余说唯识教受化者，能入所执法无我，谓若了知唯识现似色等法起，此中都无色等相法。应受诸法无我教者，便能悟入诸法无我。

△释此分中有二：初正释，后答难。正释中有二：初明胜益，后明正理。初中复二：初问何故说唯识，后答能入法无我。今初。

然佛所说，但有如斯所应作事，谓欲令入我无自性，何烦更别说唯有心？此既非有，如何得云，说十二处是密意耶？

△后答能入法无我。

此亦非理。由其更说法无自性是极重事，欲令悟入，世尊遂说色等诸法而无自性，欲使诸余诸大菩萨，得彼如来殊胜妙位，周遍生界为大胜益。

△后明正理有二：初问，后答。今初。

此如何作？

△后答。

谓色等诸法相似现前，但唯是心，除识已外，曾无片物为色等性，是可见事，由是故知色等诸法无有自性，斯言意显。诸事自性，由自识力变现生起，理成决定。随其所知，所有诸事并皆离识，无别可取，但唯是此而现相状，是以故知实无自性，便能悟入法无性理。

△后答难有四：初答胜义空，二答识非有，三答识益果，四答持自体。初中复二：初难，后答。今初。

有说若为悟入法无性者，此据能胜作是说耶？所见之理唯是错乱。据胜义理本性空无。作此宣扬，善符中观，所见境无，识非有故。

△后答。

斯固未闲，作何意趣。且说如是心心所法，所见之境不称其事，妄为领纳，取不实相，名为错乱，岂非但说而唯有识！

△二答识非有有二：初难，后答。今初。

若言诸法一亦无者，尔复如何有所宣说，境既是无，识非有故？

△后答。

将梦等喻善为晓之，如上所陈，无劳致惑。不待外境，但唯识现。

△三答识益果有二：初难，后答。今初。

此复云何识义非理？若是其义，由于业边亲益果故。

△后答。

即以此言便成答难，亦复不同体有别故，能成方异。

△四答持自体有二：初难，后答。今初。

有说能持自体，此中复云是自性义，此亦同前已分析讫。

能持自体者，谓业能持自体也。

△后答。

此义不然。离其作具，要有别事方为作用，犹如自己还持自身，故不应也。为欲令生悟法无性，说唯有识，将为契当。

△二申难。

若知诸法一切种无，入法无我，是则唯识亦
毕竟无，何所安立？

△释此分中有三：初难何所安立唯识，二难如何证入法空，三
难如何建立处界。今初。

若言总无，一切诸法皆无有我，由此名为我无自性，斯即共许我之自
性悉皆非有。如是便成法无自性，诸法非有。由是故知识亦同尔，性既非
有，如何于此欲为安立？

△二难如何证入法空。

为彼诸法并非有者，犹如假我。更连趣性无自体者，此是所许，更连
趣体全无性也。此则便成法无性者，谓一切法皆无性故，是故应知识亦同
尔。此既非有，如何依此，欲使迷人入法无性。

△三难如何建立处界。

由无有我，遂今证入诸法无性，共许如斯为善方便，尔者如何欲为建
立成彼方便，说十二处证入无性？

△三正答有五：初答非法总无，二答但破计执，三答佛境是
有，四答余识体无，五答成立唯识。今初。

非知诸法一切种无，乃得名为入法无我。

实非全无一切诸法，方始名为法无自性。是故应知法无性声，非诠诸
法皆无自体。更连趣言亦同于此，不欲总诠一切非有。然而意说诸缘生法
无有我性，彼即是有，此我无性其相云何，谓唤我作无自性故，是故名为
人无自性，非是全无诸法自性。色等诸法，随据一分说无自性，非谓全无。是
故应知，言法无性，非令无体。若言诸法事皆无者，即不应名法无自性，理
应说言诸法总无。

△二答但破计执。

> 然违愚夫，遍计所执自性差别，诸法无我，如
> 是乃名入法无我。

△释此分中有五：初明所破，二解所执，三释执虚，四显识现，五破转计。今初。

尔者但由所执法无自性，缘有功能获得差别，离他自性，简别彼之实我自体，恒时不有所诠之相，此谓诸法无自性义。非是豁脱，总拨为空。

△二解所执。

然所执者是何言耶？所谓无明倒见迷执，从其自心种子成熟，由他而转现相不同，执于外境有别自性，由如倒见作外相解，于自所见生定执时，此则名为所执之事。

△三释执虚。

此复云何？谓无一物。如何无物名所执耶？由此故然。若于此执有片实物体不虚者，即不应名是情所执，然由于此义有相应，由其计执实事自体不相忤故。若有实物不名计执，由此分齐近见之境，此则悉皆说为所执。假使用识以为斯境作所量时，此亦还成所执之义。

△四显唯识。

是故应知所执之识亦是无性，即唯识性。是能悟入所有诸法皆无自体，微妙方便，但是本识随处现相，然无外境少许可得。从色至识悉皆如是，非是能现相分之识体亦无也。

△五破转计。

若言异此，但遣遮色，说此唯声，唯识之言便不成就。缘识之识有其境故，复更便成缘色之识是为有境。

△三答佛境是有。

非诸佛境，离言法性亦都无故，名法无我。

△释此分中有二：初显天上理，后破转计。初中复二：初问，后答。今初。

何者是其体离于彼不可说事，诸佛世尊方能了察。云何了察？

△后答。

此义后时我当宣释。此即是其心心生法有真实事，越言诠道是有性故。亦不便成一切诸法悉皆非有，同豁脱空。是故应知，证悟真理善入方便，说唯识教，斯为称理。由其次第渐能劚裂诸分别网，所有正缘为生因性故。

△后破转计有四：初破色有真性，二破色有事用，三破色由缘生，四破色离识起。初中复二：初计，后破。今初。

尔者，若计安立离言诠处，是实有事，此即还成于彼色等，亦同荷负有真自性，犹如于识。

△后破。

若尔还应问彼，何处得有如斯道理，见他许有非所诠识，亦令色等同遣如斯？未曾见有如是之事，以由爱蜜，酪亦令贪。

△二破色有事用有二：初计，后破。今初。

若复转计，言彼有斯不相离性，事同芽者，能有随生果之因用。

△后破。

彼若言有不相离性，幸示方偶。以理推征，定无共计。

△三破色由缘生有二：初计，后破。今初。

若言如识将为境时，由所执体名为所执，实事相貌作彼生因，色亦同斯是执性故。亦应合有缘生之事与作因缘，犹如识者。

△后破。

此乃便成无片非爱，于彼五聚皆依他起，是所许故。遍计分别法性之义，可由于此理同于彼，现有如斯正教言故。

此执善符唯识依他起性之义，故无片非爱也。

△四破色离识起有二：初计，后破。今初。

若言其色亦有离识，实依他起，犹如受等。

△后破。

如斯意趣有不定愆，所执之分亦有识故。即此受等缘生之分，斯则是为四聚体性。然此现其影相之分，即是依于心心生聚而施设故。由斯道理，其喻必成，而于所立无随合义，亦复更有立已成过。缘起之色，亦是受等自性性故。因此遂今而于因处置差别言，冀龋其过而立于识，现所执相差别生故。此即除其不定之过，仍在相中。然共所许受等自体是自证性，境无有故。既有斯理，实可凭依。然色别有，无别因由。以义推寻，固非齐致。

△四答余识体无。

余识所执此唯识性其体亦无，名法无我。不尔，余识所执境有，则唯识理应不得成，许诸余识有实境故。

△释此分中有二：初问，后答。问中有三：初识云何知问，二余识为境问，三心取佛境问。今初。

若尔，一切诸识皆悉无有所知境者，此云何知？

△二于识为境问。

又云若有于识，得与于识而为境耶？

△三心取佛境问。

亦如有云，诸佛境界其法是有，并余识境。若于佛境不以自心取为境者，斯即无容能有宣说。

△后答亦三：初答识云何知，二答余识境无，三答心取佛境。今初。

如此说者并成妄设，如有思度发言诠故。由其言义所表之相，即是唯识现多种相。虽无外境，似触其事而识得生，此即是为言论因也。如云生已即灭之声，假今息教博士绝声，应听其响。固非于彼情有所得，然即于中共申言论，但可许业能为造作，领纳是受，彼即便成许有实我。岂复当时别有真我而可得耶！

△二答余识境无。

不许同时二识生者，余识无间，体是灭坏。如斯切难亦不相应，余识领此，不相应故。

△三答心取佛境。

亦以此言兼遮后难，如彼说云，如知境有，何以得知，此亦于其共相之境，而为构画说之为知，复亦与彼同招诘责。如彼所说，诠表如来有诸胜德，汝亦应成证知胜德，由此便非是佛之境，固亦不同。如食米庿，此之共相是实有物。是故定知，不由外境现前力故，方能了察，此中但由心取构画而便生起。既有斯理，于佛境界为难不成。此则因论生论，旁义且周。

△五答成立唯识。

由此道理说立唯识教，普令悟入一切法无我，非一切种拨有性故。

△释此分中有二：初标，后释。今初。

然密意果其因应说，此之密意有其二因：一谓余教相违，二于正理有害。

△后释有二：初释余教相违，后释正理有害。今初。

说唯识教即是相违，此阿笈摩不言成故。又复于彼《幻网经》中，如佛为于色等境处生分别者，作如是说：即此眼识所知之色，不见实有，及以定住，但于妄情说起邪分别，作决定解，而生言论。唯斯是实，余义成非。如是广陈，乃至于法。次第说云：多闻圣弟子应如是学，我观过去未来现在眼识观彼所有诸色，然于彼处无有常定，无妄无异，实事可得，或如所有，或无倒性，悉皆非有，唯除圣者出过世间，斯成真实。世尊说此，皆虚妄等，违阿笈摩。

△后释正理有害。

正理相违，宜且为说。方兴问绪，发起疑情，如何复知如是说者，此非是实？犹如说识，是如言义，说十二处由其一性及非一性，思察之时将以为境，无堪能故。是故定知不如所说，即是其义。故于今者试作商量，此色声等所应生处，各随自体，由于其识作生相貌，色等事相是识之境，色识名色，声识名声，余皆准此。此色声等应无支分，体是其一，如有分色，由此便于自所依处，无支分性故。然此色等是有事物，体是质碍，有所断割，于其同类多处性故，能生识等不同处故。（此中阙极微义）

△自下第一大段中。第四返破外人外境非实有，故唯有识于中有三：初小乘起问，二论主正破，三结归唯识。今初。

复云何知佛依如是密意趣说有色等处，非别实有色等外法，为色等识各别境耶？

△二论主正破，凡有五颂，于中有三：初有一颂合破小外，二有三颂正破小乘，三有一颂正破外道。初中复二：初偈颂，后长行。今初。

颂曰：

以彼境非一，亦非多极微，

又非和合等，极微不成故。

△后长行有三：初假问，二叙执，三正破。今初。

论曰：此何所说？

△二叙执有二：初总，后别。今初。

谓若实有外色等处，与色等识各别为境。

△后别。

如是外境或应是一，如胜论者执有分色；或应是多，如执实有，众多极微各别为境；或应多极微和合及和集，如执实有众多极微，皆共和合和集为境。

△三正破。

且彼外境理应非一，有分色体，异诸分色不可取故；理亦非多，极微各别不可取故；又理非和合或和集为境，一实极微，理不成故。

△自下三颂正破小乘有三：初问，二答，三结。今初。

云何不成？

△二答有三：初二颂破极微有合无合不成，二一颂破极微有分无分不成，三申正义总结极微不成。初中复二：初答，后结。答中复二：初设答，后破救。今初。

颂曰：

极微与六合，一应成六分。

若与六同处，聚应如极微。

论曰：若一极微，六方各与一极微合，应成六分，一处无容有余处故。一极微处若有六微，应诸聚色如极微量，展转相望不过量故。则应聚色亦不可见。

△后破救有二：初救，后破。今初。

迦湿弥罗国毗婆师言，非诸极微有相合义，无方分故。离如前失。但诸聚色有相合理，有方分故。

△后破有二：初总非，后理显。今初。

此亦不然。

△后理显。

颂曰：

极微即无合，聚有合者谁？

或相合不成，不由无方分。

论曰：今应诘彼所说理趣，既异极微无别聚色，极微无合，聚合者谁？若转救言，聚色展转亦无合义，则不应言极微无合，无方分故。聚有方分亦不许合，故极微无合，不由无方分。

△后结。

是故一实极微不成。

△二一颂破极微有分无分不成有三：初发论端，二外返征，三正显理。今初中复二：初结前，后生下。今初。

又许极微合与不合，其过且尔。

△后生下。

若许极微有分无分，俱为大失。

△二外反微。

　　所以者何?

△三正显理有二：初偈颂，后长行。今初。

　　颂曰：

　　极微有方分，理不应成一。

　　无应影障无，聚不异无二。

△后长行中有二：初破有分，后破五分。今初。

　　论曰：若一极微六方分异，多分为体，云何
成一?

△后破无分有三：初难应无影，二应无障，三破外救。今初。

　　若一极微无异方分，日轮才举光照触时，云
何余边得有影现，以无余分光所不及?

△二应无障。

　　又执极微无方分者，云何此彼展转相碍? 以
无于分，他所不行，可说此彼展转相碍。既不相
碍，应诸极微展转处同，则诸色聚同一极微量。过
如前说。

△三破外救有四：初外救，二返诘，三外答，四正破。今初。

　　云何不许影障属聚，不属极微?

△二返诘。

岂异极微，许有聚色发影为障?

△三外答。

　　不尔。

△四正破。

　　若尔聚应无二。谓若聚色不异极微，影障应
成不属聚色。

△三申正义总结极微不成有二：初申正义，后结不成。今初。

　　慧觉分析安布差别立为极微，或立为聚。

△后结不成。

　　俱非一实。

三正破外道有八：初胜论计，二论主问，三外人答，四论主
征，五外人问，六论主难，七小乘救，八论主破。今初。

　　何用思择极微聚为，犹未能遮外色等相。

△二论主问。

　　此复何相？

△三外人答。

　　谓眼等境，亦是青等实色等性。

△四论主征。

　　应共审思此眼等境，青等实性为一为多？

△五外人问。

　　设尔何失？

△六论主难有二：初总颂，后别难。今初。

　　二俱有过，多过如前，一亦非理。

　　颂曰：

　　一应无次行，俱时至未至，

　　及多有间事，并难见细物。

△后别难有二：初总牒计，后别为难。今初。

论曰：若无隔别，所有青等眼所行境，执为一物。

△后别为难有五：初应无次序行义，二应无俱时至未至，三应无多有间事，四应无有间见空，五应无难见细物。今初。

应无渐次行大地理，若下一足至一切故。

△二应无俱时至未至。

又应俱时于此于彼，无至未至，一物一时理不应有，得未得故。

△三应无多有间事。

又一方处，应不得有多象马等有间隙事，若处有一，亦即有余，云何此彼可辨差别？

△四应无有间见空。

或二，如何可于一处，有至不至，中间见空？

△五应无难见细物。

又亦应无小水虫等难见细物，彼与粗物同一处所，量应等故。

△七小乘救。

若谓由相比彼差别，即成别物，不由余义。

△八论主破。

则定应许此差别物，展转分析成多极微。

三结归唯识。

已辨极微非一实物，是则离识眼等色等，若

根若境皆不得成，由此善成唯有识义。

△自下大文释外所征，广破异执中第二。释小乘等以现量微境，有返破忆持执。于中有二：初之一颂释现量证，后之半颂释忆持执。各复有二：初难，后破。今初。

诸法由量刊定有无，一切量中现量为胜。若无外境，宁有此觉，我今现证如是境耶？

由量力故决断有无，于诸量中现量为胜。若无外境，如何能起如是觉情？此事是我别根之所知也。

△后破中有二：初偈颂，后长行。今初。

此证不成。颂曰：

现觉如梦等，已起现觉时，

见及境已无，宁许有现量？

△后长行。

论曰：如梦等时虽无外境，而亦得有如是现觉，余时现觉应知亦尔，故彼引此为证不成。又若尔时有此现觉，我今现证如是色等，尔时于境，能见已无，要在意识能分别故，时眼等识必已谢故。刹那论者，有此觉时，色等现境亦皆已灭，如何此时许有现量？

△释此分中有二：初略后广。各复有三：初释颂初一句破经部，二释颂后三句破正量部，三申颂后三句破一切有部。今初。

别根如梦等，虽无外境，然亦得有。此已如前细为分别。

△二释颂后三句破正量部。

此若后缘时，所见境已亡，如何许现量于诸量为最者，若其当时生现量觉，此是我之别根所了，尔时于境遂无所见，唯是意识所刊定故，眼识当时已谢灭故。义既如是，如何彼境许成现量耶？

△三申颂后三句破一切有部。

况复是为殊异论者，许一切法刹那不住，此觉起时，色等诸境亦皆已灭，现量之理斯何得成！

△后广中亦五：初破经部，二破正量部，三破一切有部，四破余师，五破余疑。初中复二：初难，后破。今初。

虽复如前善开释已，仍为于斯甚深法义，不能窥测。更设难言，由量力故断为有者，或复此由违比量故。于色等处遮使成无，纵实由量刊定有无，然由于彼别根比知，及正教等诸量之中，别根最胜，由亲证境是果性故。要于此处无违害已，方于余量而成立之。此即别根于色等处既亲证会，岂能令彼比量相违，辄欲遮其色等有性，如何外色成别根境。由若无境，不能于此生如是觉，此事是我别根知也。此言意道各别自证领受相生，重起心缘而宣说故，犹如曾领苦乐染等。

△后破。

此固不然，于余亦尔。别根如梦等。见有如斯，前已具说。于梦等位，亦有现见色等诸境，即如所言，覆察之心是有故者，显此立因有不定过。然由梦瞖及罪逆心之所损故，如似别根现前明见，虽无实境而有见事。复亦不越识之体性，于所领事现前纳受，为断割故。由斯道理，意欲成立色等实境是离识者，有相违过，徒事慢心。

△二破正量部。

此复更有因不成过。此觉后缘时，所见境已亡，如何许现量？眼等诸识见色等时，彼实不能生斯断割，此但由其各别内证相分性故。因此为先意识，随后取其定相，总集思构方有决断。又复当时识不俱起，设尔有其色等诸境，眼等识灭后何能见，能见非有，所见岂成！正于此时何所希望，从其灭识宁能有见！

△三破一切有部。

况于色等共识同亡，是故应知此不能见色等诸境。借彼见力，重审之心观于色等，如何许成别根量性？复于彼时意识断割，不共许为现量性故，由无能见及俱谢故。

△四破余师有二：初立，后破。今初。

有余师云，于此最初领受其境，非分别垢之所染故，彼定缘于外色实境。

△后破。

此亦非理，是不成故。由非他许离于言诠，色等外境是识所知。然由内有自证之事，当尔之时不起思构，便缘诸境相貌差别。彼但许有如斯内缘，此亦随其相貌现时，但依于识，犹如共成苦乐染等。然由将彼色等外境，为别根量。此但是为虚妄情执，犹如彼此数量业等。

△五破转疑有二：初述疑，后正破。今初。

还将此难用拓余疑。于梦见事，从梦觉已后覆缘想，虽复当时无境，然有上心之知，现量亦尔。由因此故，后时意识决了非无。

△后正破。

彼亦元无拨别根量，于自内证心心所生，不离自证而有现量，是所许故。然于外境将为现量，斯妄增益即是所遮。如前为出不成之过，未见解词，但事空言实无的当。彼全不许有外色等，更欲仅之明有现量，然所成立，不能远离所斥之过故。

△后释忆持执有二：初外救，后正破。今初。

要曾现受，意识能忆，是故决定有曾受境。见此境者许为现量，由斯外境实有义成。

若也不曾领受前境，意识不能生忆念也。决定应许于彼外境曾领受之，由斯能见于色等境许别根性。

△后正破有二：初总，后别。今初。

如是要由先受后忆，证有外境，理亦不成。何以故？斯乃不成曾领受境，方能忆者。所以者何？由有理故。

△后别。

颂曰：

如说似境识，从此生忆念。

论曰：如前所说，虽无外境，而眼识等似外境现，从此后位与念相应，分别意识似前境现，即说此为忆曾所受。故以后忆证先所见，实有外境，其理不成。

△释此分中有二：初略释，后广辩。今初。

已说如相识者，虽无外境，如忆想现，眼等诸识遂得生起，如前已说。次复云何从此生忆念者，从此识后与念相应，即于此相分别意识而生起也。由领其境念方起故，其义不成。

△后广辩有四：初不领于境，二无境有见，三见忆殊体，四本似解殊。初中复二：初述执，后正破。今初。

若尔于色等处，以现量性决定了知，所有相貌生忆念性故，犹如乐等。于忆念上安置形像而领取之，决断前相内自证解，然非不领，犹如石等有其焰等。生意识时，亦不能生此忆念。由斯决定，依比量力于色等境，应必定有，亲领受之。若异此者，所许忆念便成非有。复由于此，受领之境成现量故，世间言论名之为见。

　　△从正破。

　　若于色等是忆念性，如共成者可有斯过。即由于此外色等处，领受忆念，理不许成，由有理故。如离于境得有其见，忆念同然，为其能立不共成故。宗及于喻欲晓悟他，于境领受全无力用。

卷第五

△二无境有见有二：初问，后答。今初。

如何不与色等诸境而相关涉，名作见耶？

△后答。

若遣斯难，此不劳言。由斯识体自现形相，虽五色等而境得成，此前已说。梦狱翳等，为能喻事，随其所应广陈比量。

△三见忆殊体有二：初问，后答。今初。

从此生忆念者，不待外境而现前故。见之自性方始得生，虽无实义，念与意俱，由现见识所有功能，安置力故。随其次第，假借余缘为能牵引，觉想方生。当尔之时，名为忆念。如何复知见之与忆两体差殊，若此见忆，俱并不借外境有故。

自从此生忆至名为忆念，此牒唯识家义。自如何复知至末，此外人述问。

△后答。

能生自体由性境者，为杜邪疑说分别识。见之为用，不生计度前境相状，但有自证体性生起，念之相也。取其言相安布之差，了相不明分别生也。以见为先熏习所遣，即此自性由他故生。见不然也，见之与念倏然别故，为此定须许如斯理。假令虽复有其外境，二皆有境缘相不殊。见之与忆自体不同，如有异途幸应为说。彼设虽缘现在之境名之为见，如缘过去说之为念，由无境者彼虽境异，有无之相所缘别故。斯之异相，缘亦不能而于见念为片思也。宜应说为自体别故，斯成异相。

　　△四本似解殊有二：初难，后破。今初。

尔者，此境是其识所现相，若为决定知如是耶？由于前境决知见已，与彼相似所起之识，分明不忘，取彼事时，即名斯事而为似相。犹如决了丈夫相貌，方名此作似丈夫耶。似相了知，非不曾见，然非曾见。能有如斯决断之理，为由不许有外境故。

　　△后破有三：初申正，二破邪，三述喻。今初。

斯亦非理。由彼自证心心所生解相不同，是所许故。斯固于他全不成难。

　　汝既分别于事善巧，我聊致问，理复如何？同时自证既不许有，如何此见能决定耶？非过去事能有忆念，由彼非是自证性故。又非自证如所说事，违道理故。先当授己，后乃击他，所有陈谋，方能获胜。斯即念托境生，不共成也。

　　△三述喻。

复于梦处领纳外境，今共成讫，后时自可道彼元无，成非理故。犹如乐等领受乐事，若其外境元有可领，但有似相错乱现前。当然之时，外境非有，自然决断，犹如梦者觉乃知非。

　　△自下大文释外所征，广破异执中，第三释小乘外道以梦例觉时，知境无失，有二：初难，复破。今初。

　　　若如梦中虽无实境，而识得起，觉时亦然。如世自知梦境非有，觉时既尔，何不自知？既不自知梦境非有，宁知梦识实境皆无。

梦者见非有，觉已乃知非。若也觉时亦不领境，犹如梦中，彼是非有，世人共知，然不如是。是故定知于正觉时，然色等境有真领受，不同梦中识无力用。

△后破。

此亦非证。

颂曰：

未觉不能知，梦所见非有。

论曰：如未觉位，不知梦境非外实有，觉时乃知。如是世间虚妄分别，串习惛热如在梦中，诸有所见皆非实有，未得真觉不能自知。若时得彼出世对治，无分别智即名真觉。此后所得世间净智，现在前位，如实了知彼境非实，其义平等。

△释此分中有二：初申无境，后申无我。初中复二：初申正，后破邪。今初。

此亦不能而为晓喻。今于色等领受义成，由作梦者处梦中时，不能了境是为非有。若由远离于睡暗时得分明慧，随其所有别别曾缘熏成念种，然于梦位所领之境，忆令上心，方生决断，此事非有。彼既如是，此亦还然。虽非外色可为领受，便即翻作见外色心起妄分别，重重现前，数数缘虑。生此类性，所有功能熏习成种，令其上心。即此熏习，更欲彰其不实事故，复起余缘彰见真义。由有睡眠相似法故，虽于觉位亦曰睡也。为此熏习恒随逐故，世间睡眼犹如余睡，但有妄情。离识别见色声等境而被缠缚，极受艰辛，漂泊生津，沦回欲海。由未正得熏习断故，犹如梦中不能觉了色等境无，未能称事于非起故。不了是无，为境所诳。纵有闻思所生之智，为由分别熏习随故，未现证真，不能正起，亦名诳妄。当尔之时，名为不觉。及由于彼熏习种子对治已生，毕竟拔除深有力用，于创起时非世先有，由此名为出世间智。正断一切分别性故，五分别智获得现行。能除熏习无知睡故，证悟真觉。于时借此无分别智，以为因故，由此之力方便起故，决能截除色等诸义，固执熏习，名为清净。

△二破邪。

由涉计度诸境相故，号曰世间。彼智现已，但唯是识，随其色类缘会力故。生起之时，唯于自识现其相分，妄执诸境而作生因。然非离识有自性故，色声等境而生了知。其所立量，若据总相不知彼境，是为无者，许能立因有不成过。若言差别觉时不知，还有不成与前相似。觉悟之位了境元无，宗所许故。既有斯过，理固不能以斯能立，成其前境有所领纳。

△后申无我有三：初明色无我，二明识无我，三总明无我。初中复二：初难，后答。难中有二：初难，后计。今初。

或有于此不成之过，申述解词，犹若元来不为境解，此无之智理不应成。要先知境，方于此事能生此心，说为非有。若尔的知境是有，如何能得更复言无？观相是有复乃云无，现是相违，若为解释？

△后计。

彼诸宗等拨为非有，固不相违。如诸外论，谓为常等，生前灭后悉并非无。或于方所，或此非余，有境无余，何过之有！若时于我将为无者，由非不了可拨为无，于无起知非所许故。

△后答。

此不如文。于兹色等说我为无，然于色等造作之处，无真实我，非据我也。

△二明识无我有二：初难，后答。今初。

若尔于色等聚，乍可无愆，说识无我，如何免难？

△后答。

由不许有第二之识，于余识处了我为无，亦非不领于前，而能忆念于后。设令生念境已亡故，是故应计但唯有识，而现于相。即如所许，然于识处知我是无，拨无其我，识若生时，此智尔时知无我体。然由离境了唯有识，随此相貌，缘若生时，解境为无，岂非齐致！

△三总明无我有三：初述正理，二破遍计，三结无我。今初。

然于色等了无我时，于色等处是为共相，非是自相，由此各依以为定性，自体异故。然非相似，所有相貌是实事有。欲令于余而作简别，有其异相附识而生。犹如实事有集心分，于识自体转起现前，世欲言论因斯生起。了知外境，但是自心所生领受，本非居外。斯乃是为最胜修习，所获性故。

△二破遍计。

此由无明盖覆于慧，如在外转。观斯共相，即如所见时俗言成，随世俗情，于言语路令得明解，于诸论处似事而转，别以形相而宣说之，于所余事作其遮遣，于此事中应有形段。若总相是实，即是总相，应如色等自体各异，而于别事体不相应。此则色等成非异体，如色似声，又复如彼一异，非言所许共相。此但覆俗当情显现，无所诤也。此既不许将为实事，斯乃便成于色声等成非异体。又复色等一一便成有多体故，共相之状体无边故，此则合有多种体性，便成诸事皆为一体。如随自缘所带相像，断割前境。此之体相，亦是假立众多相貌，为俗言论而分别之，由此便成于色声等。无我之智亦是共相，断割性故。取其无境，更成光显唯识之宗。

△三结无我。

然于色等无我解时，有别相分，复由前后分段本无故。斯乃是为先取别相，分明决断，于异决了，随而摄取事境性故，若青莲也，简去其白，识缘莲体决断是青。言无我者理亦同然。凡起决断，谓即于他所执我相，仅此思构方生决断，无别我体，纵虽无境而智得生。理既齐衡，何有乖诤！

△自下大文释外所征，广破异执中，第四释外难。二识成决定，外境非无失，有二：初难，后释。今初。

若诸有情由自相续，转变差别，似境识起，不由外境为所缘生，彼诸有情近善恶友，闻正邪法，二识决定既无友教，此云何成？

若诸有情由自相续者，若言于此自相体中，各有无量功能不同，于自识中变现别故，至成熟时，由自种力识现在前，不由外境而得兴起，非离自识从外境生。然由亲近善恶友故，为益及损，此不得成。由于真妄损益之中，但以言声说为境故。既缘声义两种皆无，于斯割断便成非有。由彼有其理非理行，可令善恶逐彼而行。彼行既无可取，随学宁容有故！此则曾不依托外境，而识得生，违所许过。必定依托外色等境，缘色等心，犹如有事无事声心，复如观他所有行迹，是能于境决断性故。亦复由于色等诸识，定缘外境，如圣量言，但是于内似相现故。

△后答有二：初总，后别。今初。

非不得成。

此固无力破唯识义。

△后别。

颂曰：

展转增上力，二识决定成。

论曰：以诸有情自他相续，诸识展转为增上缘，随其所应二识决定。谓余相续识差别故，令余相续差别识生，各成决定，不由外境。

△释此分中有二：初略释，后广辩。今初。

由展转增上识互决定成者，由其展转识相假故。即此二识，更互相依，本不待声及于色等。由所立喻不顺于宗，亦复全无违教之失，有他相续为别识故。他识为因，自识生故，善恶二友作用理成。

△后广辩有四：初强立展转难，二并见总闻难，三许取余识难，四如来普应难。初中复二：初难，后释。今初。

外境引梦，拨使成无。目击友人何不同睡，而遣为非？有何劳强立展转相。因梦闻善恶，非由别识生，如何现在随他识行？复如何知，但由余识分别得生？

△后释。

于他言事随顺情起，此识生时，更有余识功能差别为因现故。且闻者识，如结契时唯声现相，有差别体识乃得生，不依外境方能了事。仅自功能所有差别，托己内缘为声相解，即于前境而有了知。此时但是自识熟位功能转起，但有声相共识俱生。说观斯理，又复圣者威神至极，无其文字，离取声相为间隙时，成说方便。然则但由胜差别故，能作斯事，遂令余识殊别相生，是共许故。斯即是为唯识功能，然则曾无声之自相，能至余识，是他共许，以将为喻。

△二并见总闻难有二：初难，后释。今初。

纵许如是，但依他识声觉得生，斯乃便成恒常听响。此之声觉总被生津，虽住远方，及耳根坏，并应闻说，无有废时。若其许觉由外声起，有时闻听，耳识方行。分别因起，仍须处在相应，耳根复无损坏，方能于境觉察是非。由此全无，便成并见总闻之过。

△后释有二：初申正，后摧邪。今初。

非独如此，识待有能差别性故，事判于声。犹如于声自性各异，能生此觉，非余相心。亦如于声非闻一切，缘此声相，但返缘斯唯生此觉。于觉有时，但生如此差别之缘，有力用故，为因非余。即如于声在相应处，于自相续生其相像，且如此事种子现前，随自用果方能生起。如是便成无相似过。

△后摧邪。

复次诸字咸有支分，分析至穷，非根取性。犹若极微，非同时生，不合聚故。既不和聚，有其决断，计一常声处虚空者，不应是理，缘此声心不可得故。又彼许其所有细分，体相似故，及是非根所行性故。然非功能有其差别，及以造作，容有安置势力道理。复如外声，随所依缘差别之响，有其自相为缘之因。识亦如是，何有非爱？

△三许取余识难有二：初难，后释。今初。

岂非所云，由展转增上者，即是许其取余识故。此识便成有于外境，如不取境喻分便违。

△后释。

斯难非理。此识由其余识现相为所缘故，喻乃共成，如余宗立。犹如于彼非现在声，随以一相而为成立。但有彼相识生而已，其宗许成，我喻亦然。何成有过？

△四如来普应难有二：初难，后释。今初。

何故如来之识差别于余，分别之境并除，不异相续而转，无边差别，所化有情在彼多心相若为起，如彼一声体无差异，随自乐相识从生起。

△后释。

但由如来威神之力，极修所致，令彼得生，于别功能非一之境，不同外类，多而无杂，一时兴用，分别事成，犹如灯宝镜等现相。复以如来诸化用事难思威力，超寻思境，是共学故。强为斯难，非成妙说。

△自下大文释外所征，广破异执中，第五释外难，梦觉心无异，造行果差失有二：初难，后释。今初。

　　若如梦中境，虽无实而识得起，觉时亦然，何缘梦觉造善恶行，爱非爱果，当受不同？

若言梦觉两位不差，由并许其无实境性，随其差别咸引于果。梦中所见或善或恶，是总标也，及于觉位心亦无境，此亦便应俱时获果，或应如梦亦皆无果，无境性故。或复翻此。

△后释。

颂曰：

心由睡眠坏，梦觉果不同。

论曰：在梦位心由睡眠坏势力羸劣，觉心不尔。故所造行，当受异熟胜劣不同，非由外境。

△释此分中有二：初广释，后征辩。今初。

斯难不难，由有理故。心由睡眠坏，梦觉果不同者，然则梦心由睡坏，故性不发明，即此善恶能招劣果。如于觉时，或缘别事不为恭敬，或时余思乱心，于彼惠施虽行，果不增大。识虽无境，果亦同然。随种差别，能招当果爱非爱事。由斯梦觉，体有差殊，得果不同，非乖道理。复非由境善等体殊，所作业用招胜劣果。然由自性及相应等，自体增故，及以相违。此即梦等有其差别，以此为缘，非关有境。或时生已，便于斯境能起害心，造于极恶，复于此处能招胜报，种下中上善不善业。以此而言，实不藉其外境有故，植果差殊。或时有缘过去罗汉身福等事，实无其境。犹如于梦获果不同，有不定过。后于梦中翘诚庆悦如来出世，虽无实境，大果当招。此喻便成，于宗不顺。

△后征辩有二：初梦业非业道难，后他知方成罪难。初中复二：初述计，后破执。今初。

有余师云，虽被梦损，情断前境而不暗昧，如睡初觉而有余昏，未足眠时强起情翳，身体沉重见不分明。即此之损于彼梦中，相应之识诚固难有。由于梦内心心生法，当尔之时明自观境，忧愁恐怖极思惟心，纵使觉时未能同此，由此要须是有情数，于共见境取相分故。然于梦中七色之业不立业道，由其梦色非见无对，是不共境，不堪为世言论事故。

△后破执。

所云色业非业道者，斯乃便成不察由绪。然此所论，于彼梦识见不分明，获果微劣，醒觉之位亦应如此。既有斯过，而便答曰：由梦损故，获其少果；如若不损，与觉何殊！即如所云，梦识于境了事分明，便招胜过，此若为通，由于梦中心明断割，许其招得上妙果报。七色业道不建立者，本为评章招果差别，遂论业道，由绪何从？由非招果，要须假斯业道方就。于方便位被极重缠，害斯意乐，遂全招得最恶之果。轻薄烦恼，纵造根本亦未能同。极清净心于修善位，方便根本，类此应知。唯识论者，亦由于他相续兴害，随心所生成其业道。

△后他知方成罪难有二：初述计，后破执。今初。

有余师说，由他知故，方成罪者。

△后破执。

此非正答。何意要须待于共境，方建立斯？非由他力始成业道，然藉堪为世言论事，由如苾刍断青流秽，犯斯等罪，岂在情边，及由共境假他知故。若于梦中实有青等为所了事，由大师制便成有罪。或可翻余非由其事是有是无，此成应理。

△自下大文释外所征，广破异执中，第六释外难无境杀等，无返诘他宗失有二：初难，后释。今初。

若唯有识无身语等，羊等云何为他所杀？若羊等死，不由他害，屠者云何得杀生罪？

若已生界但唯识者，便成无有语身业耶？然由大种，及从种生，名为身也；主业即是从种生色，此二营为成杀妄等。两种若无，事便非有。诸屠猎者但唯自识转变显现，便招杀罪，岂不相违！由非前生命根自断，遂令他得杀生罪耶？此违所许身语二业。

△后释有二：初正释，二返诘。今初。

颂曰：

由他识转变，有杀害事业。

如鬼等意力，令他失念等。

论曰：如由鬼等意念势力，令他有情失念得梦，或著魅等变异事成。具神通者意念势力，令他梦中见种种事，如大迦多衍那意愿势力，令婆剌拿王等梦见异事。又如阿练若仙人意愤势力，令吠摩质呾利王梦见异事。如是由他识转变故，令他违害命根事起，应知死者谓众同分，由识变异相续断灭。

不尔。云何死由他识别者？屠脍等识，犹如屠者既兴方便，彼遂分离。此亦如是，但由自识能有作用，差别现时，便与彼命为杀害因。尔乃但由自识功力，妄现身相，借此势力立为业道，自余业道准此应知。由斯道理，复有共许识之差别，遂与他身作坏因性。即如鬼神及健达缚等，其所嫌处恶念便生，由鬼等识变现为因，遂令前生得失念等。复由圣者专心念时，由他识力为胜缘故，遂于梦中屏除睡昧，便观彼彼差异形仪，识于众像而领纳之。言命根者，谓是随应顺彼所趣，业力所招，引异熟识流注时限齐，如所摄引，事便转变，令彼一业所招，连续同分之报断绝相续，非谓一切流皆断绝。如他共许，于其六处据同分断说名为绝，识与命离假言其断，但由自他两识为缘，所有作用命根断灭。

△后返诘。

复次颂曰：

弹宅迦等空，云何由仙忿？

意罚为大罪，此复云何成？

论曰：若不许有他识转变增上力故，他有情死，云何世尊为成意罚，是大罪故，返问长者邬波离言："汝颇曾闻何因缘故，弹宅迦林末蹬伽林羯陵伽林皆空闲寂？"长者白佛言："乔答摩，我闻由仙意愤恚故。"若执神鬼敬重仙人，知嫌为杀彼有情类，不但由仙意愤恚者，云何引彼成立意罚，为大罪性过于身语？由此应知但有仙忿，彼有情死，理善成立。

△释此分中有二：初略释，后广辩。今初。

犹如于隐者获得胜上定，及由作用力差别功能成者，令生变异，但是内心差别性故。如是虽无身语二业，杀盗等是理得善成。于彼经中定说隐者意发瞋火，缘斯力故随便杀彼无量有情。此亦由心令彼断故，必如前理应可推征，决定须许成就隐者意乐害力，令无量生咸致命断。若异此者，乐欲是其意害大罪事乃不成。故知引证成意罪大。

△后广辩有二：初石坠断命难，二如何成罪难。初中有二：初难，后释。今初。

若也非人知彼意趣，当时为作杀害事者，此亦便成明显身业，罪中最大。有时不假余相续识，便遭石坠烟炭雨等损害有情，谁增上力令躯命断？固非此识现如是相，远为杀害，便有自缚相违过故。

△后释。

此难非理。即由斯识相续无能，与斯命断随顺性故，犹如疑毒令心闷乱。但是随顺自内相续，识无力用更为连住，由此名为寿命断也。然而许有石等相现，亦匪成违。

△后如何成罪难有二：初难，后释。今初。

但由增上识故，令他命终者，邻次之后何不寿终？及其死时彼便非有，既不现前如何成罪，及于断命为因性耶？

△后释中有四：初返诘，二正申，三破执，四遣疑。今初。

虽呈雅难，应返问之："彼行杀时所招业道，若于当时给业道者，何不于时遂便卒命？若于缘时彼死方结，如何此得杀生过耶？若言相合得杀罪者，此二别时，有无体异，如何能作共合事耶？"

△二正申有二：初明论旨，后述己见。今初。

然则此事作论尊者已详定断，于能害者自相续中，有其差别业性流注。

△后述己见。

然我于斯有如是见，由能杀者增上识故，断彼相续更互相因，决定由此，不假别事，后致终亡，当被伤时成其杀业，由断他命此有功能，决定由斯取亡没故。然能害者但有此力，于断彼命与作亲因，或时即死，或复后终。由增上识能与他识展转为害，令他后识刹那为障，更不相续。亦非害者，但唯以意便成杀业。由此有其退转之义，于彼行害事乖离故。以理言之，他更不藉余缘致死，由斯必定而取命终，乘此为因命乃断故，由斯即立杀生业道。此成无过，如是贼等随事应知。

△三破执。

若异此途，彼能害者，于彼后时有何力用，他死之时方招杀罪，更复容成越理之失！不假能害，自身之中有其差别，而但据彼被害者身有殊异故，后死之时方成罪者，由此加功彼命断故。此即已言，当尔之何不死等，合以当时方便杀业，当时即得杀生之罪，死由彼故，然于后时更无异相是可得故。

　　△四遣疑。

　　还将此理用遣余疑，尔者犹如梦中，能害所害身等无故，斯乃便成无业道过。此由梦内识亦不能害他相续，是故于斯不成业道，翻此觉时便成于业。已广成立，但唯是心中无间事能成害业。

　　△自下大文释外所征，广破异执中，第七释外难不照他心智，识不成失有八：初问，二诘，三难，四释，五征，六解，七逐，八答。今初。

　　若唯有识，诸他心智，知他心不？

　　且纵如斯广陈异见，仍须执理更诘殊端，如唯有识，彼他心智，为知他心，为不了耶？

　　△二诘。

　　设尔何过？

　　△三难。

　　若不能知，何谓他心智？若能知者，唯识应不成。

　　若言不知者，何谓了他心？此名由智了他心故，如其不了便成涎妄。即此能诠于焉有失，如其知者，于离识境而领受故，所成唯识理致便乖。二事相违，如何遣难？

　　△四释。

　　虽知他心，然不如实。

　　颂曰：

　　他心智云何？知境不如实。

　　如知自心智，又知如佛境。

所以云何？有深义故。他心智云何知境不如实者，意取极深所证会处，彼曰他心，若有许识便伤他智，如无诚违自教。若了心智缘于外境，如观心外有境为缘，斯难避咎。了境非实，固无愆尤。

△五征。

论曰：诸他心智，云何于境不如实知？

如何知境不称其实，而得名作他心智耶？此中意言如所诠事，前境不虚，由此方名是他心智。尔者知于前境既不如实，于此岂得名曰他心。

△六解。

如自心智。

理不如是，未闻本意。虽于他心不缘为境，似彼相状识上现耶？是故离心无境可得。生似彼相，然不如境，斯成本意立作他心。此中但是领彼似相，由此名为不如实性。虽不同彼，似彼相生，离心无境，已共成故。能知之者随境相生，如知自心智者，二心同时不共聚故。固非现在决定应许。已灭未生，但可得一而为其境。体复是无，但唯自识。还缘过现诸心聚法，为彰显相领纳自心，于此事中世咸共许，了他心事理亦应知。

△七逐。

此自心智，云何于境不如实知？

尔者若于自心亲能了别，如何复说不如实知？

△八答有二：初总答，后广释。今初。

由无知故。

为由于境不实知故，名为不实。为是无事将以为有，而得名为称实知也。

△后广释。

二智于境，各由无知所覆蔽故，不知如佛净

智所行，不可言境。此二于境不如实知，由似外

境虚妄显现故，所取能取，分别未断故。

△释此分中有七：初佛称实知，二不缘他心，三离心无色，四佛依妄知，五佛境无倒，六明觉离言，七识现虚妄。初中有二：初问，后答。今初。

若尔如何得说，不如其境所有领纳，皆是其无？由彼不能了实境故。

△后答。

此亦不然。不知如佛境者，此他心智，他缘青等，了彼所缘即是称实，何以便将佛知心体，自性清净而云不知？

△二不缘他心有二：初问，后答。今初。

凡云了他心，以他心为缘，了自心相假说依他。即彼他心，自性真体是何境界？

△后答。

此亦不然。不尔云何？

△三离心无色有二：初问，后答。今初。

佛知他心自性，即是离心实有。设有离心之色，佛了何伤？

△后答。

此即心是实有，两共许成。离心实色，与理相违，故不同也。

△四佛依妄知有二：初问，后答。今初。

若尔，佛了他心应不知境，由境妄故。

△后答。

佛依妄知，亦复何损？如人观幻，岂不知虚，佛同虚知，何过之有！

△五佛境无倒有二：初问，后答。今初。

若尔诸佛境界有何相状？

△后答。

诸佛境界非余所知,若佛不知心,何名一切智?即彼无倒所有自性,无知睡尽而得明觉,正晓了时,诸有觉了。自他心者,彼之真性不能了故,故言彼智不称境知。

△六明觉离言有二:初问,后答。今初。

复云何通睡尽之智,能正了斯?

△后答。

由此觉知无言境性,超过语路,但自证知,是故不能以言诠及。然于此识所有自性,非是余识之所能知,即非所知,非言能及,彼但总相为其境故。

△**七识现虚妄。**

然斯唯有妄构画性,即此构画于自证性,识之实相极辽远故,唯于识处了不实相,此二皆成不称实境。所以者何?于非实事作实事解,而为决断,由于彼识现虚妄相故。

△以上大文第二,释外所征,广破异执竟。

△自下第二,结已所造,叹深推佛有二:初略总举叹深推佛,后广别显结造推深。今初。

唯识理趣,无边抉择,品类差别,难度甚深。非佛谁能具广抉择?

△后广别显结造推深。

颂曰:

我已随自能,略成唯识义。

此中一切种,难思佛所行。

论曰:唯识理趣品类无边,我随自能已略成

立。余一切种，非所思议，超诸寻思所行境故。如是理趣唯佛所行，诸佛世尊于一切境，及一切种智无碍故。

王恩洋先生（1897—1964）的唯识学著作，大致可分为三类，每一类数量都很可观：1. 概论性的著作，2. 专门问题的研究论文，3. 注疏性的著作。其中概论性和专论性的论著，我们已经选编出版《王恩洋唯识论著集》一书，今出版其注疏性的著作《唯识二十论疏》。作者在本书末提到，本疏乃"1937 年 7 月，应华岩寺主钟镜和尚请，疏于华岩佛学院"。1939 年上海佛学书局印行，1978 年收于《现代佛教学术丛刊》第二十九卷，2000 年收于《王恩洋先生论著集》（全十册，四川人民出版社）第二卷。

周叔迦先生（1899—1970）可以说是一位"佛教百科全书"式的人物，其在中印佛教史、中国佛教宗派、唯识学与因明、佛教制度与仪轨、佛典考证与注疏等诸多领域，都取得了不凡的成就。其唯识学与因明的著作，主要收于《周叔迦佛学论著全集》（全七册，中华书局）第二册，其中的《唯识研究》一书，我们已收入本丛书出版。而《成唯识宝生论略注》一书，乃周先生对护法《成唯识宝生论》（本论是护法为《唯识二十论》造的释）的注释，因此本书体例有三：1. 世亲《唯识二十论》，玄奘法师译，用楷体字；2. 护法《成唯识宝生论》，义净法师译，用细圆字体；3. 周先生的略注，用宋体字。而略注又可分二：1. 科判，段前以△标识；2. 义释。

今将王恩洋先生的《唯识二十论疏》和周叔迦先生的《成唯识宝生论略注》合为一册。

崇文学术文库 · 西方哲学

1. 靳希平 吴增定 十九世纪德国非主流哲学——现象学史前史札记
2. 倪梁康 现象学的始基：胡塞尔《逻辑研究》释要（内外编）
3. 陈荣华 海德格尔《存有与时间》阐释
4. 张尧均 隐喻的身体：梅洛-庞蒂身体现象学研究（修订版）
5. 龚卓军 身体部署：梅洛-庞蒂与现象学之后 [待出]
6. 游淙祺 胡塞尔的现象学心理学 [待出]
7. 刘国英 法国现象学的踪迹：从萨特到德里达 [待出]

崇文学术文库 · 中国哲学

1. 马积高 荀学源流
2. 康中乾 魏晋玄学史
3. 蔡仲德 《礼记·乐记》《声无哀乐论》注译与研究
4. 冯耀明 "超越内在"的迷思：从分析哲学观点看当代新儒学
5. 白 奚 稷下学研究：中国古代的思想自由与百家争鸣
6. 马积高 宋明理学与文学
7. 陈志强 晚明王学原恶论 [待出]
8. 郑家栋 现代新儒学概论（修订版）[待出]

唯识学丛书（26种）

禅解儒道丛书（8种）

徐梵澄著译选集（4种）

西方哲学经典影印（24种）

西方科学经典影印（7种）

古典语言丛书（影印版，5种）

出品：崇文书局人文学术编辑部
联系：027-87679738，mwh902@163.com

我思®
敢于运用你的理智

崇文学术译丛·西方哲学

1. 〔英〕W. T. 斯退士 著，鲍训吾 译：黑格尔哲学
2. 〔法〕笛卡尔 著，关文运 译：哲学原理 方法论 [待出]
3. 〔英〕休谟 著，周晓亮 译：人类理智研究 [待出]
4. 〔英〕休谟 著，周晓亮 译：道德原理研究 [待出]
5. 〔美〕迈克尔·哥文 著，周建漳 译：于思之际，何者入思 [待出]
6. 〔美〕迈克尔·哥文 著，周建漳 译：真理与存在 [待出]

崇文学术译丛·语言与文字

1. 〔法〕梅耶 著，岑麒祥 译：历史语言学中的比较方法
2. 〔美〕萨克斯 著，康慨 译：伟大的字母 [待出]
3. 〔法〕托里 著，曹莉 译：字母的科学与艺术 [待出]

崇文学术译丛·武内义雄文集（4种）

1. 老子原始　2. 论语之研究　3. 中国思想史　4. 中国学研究法

中国古代哲学典籍丛刊

1. 〔明〕王肯堂 证义，倪梁康、许伟 校证：成唯识论证义
2. 〔唐〕杨倞 注，〔日〕久保爱 增注，张觉 校证：荀子增注 [待出]
3. 〔清〕郭庆藩 撰，黄钊 著：清本《庄子》校训析

萤火丛书

1. 邓晓芒　批判与启蒙